「倭国」の都城・首都は大宰府

〝学者に質問〟「七世紀以前　首都がないヤマト朝廷」なぜ？

草野 善彦

本の泉社

◆目次◆

第三章　国家形成と都城・首都

第九章　その他の国家的勢力

第一〇章　七世紀以前のキンキ地方の三つの問題

第一二章 キンキ地方に台頭する勢力

第一二章『記・紀』の真実

はじめに

一

　麻生太郎副総理大臣兼財務相が二〇二〇年一月一三日、福岡県直方市で開催された国政報告会で、「二〇〇〇年の長きにわたって、一つの民族、一つの王朝が続いている国は、ここ（日本）しかない。」（東京新聞、一月一四日付け）と述べたと報道されています。これはあの戦前、「大東亜共栄圏の建設」、「鬼畜米英撃滅」が叫ばれた時代の日本で、「わが日本民族の世界に冠たる優越性」として、日本をおおった「万邦無比の国体論」そのものと思います。

　新聞は、この麻生発言の「日本民族の特質論」を問題にして、「アイヌ民族」云々を論じています。もちろんそれもありますが、私は真の問題点は、「二〇〇〇年来の唯一王家論」にある、と考えるものです。

　しかもこれは戦前のみならず、戦後の日本古代史学をふくむ学問日本史、その日本史観であり、日本人は一般的に、この「麻生発言」の「一王朝二〇〇〇年論」を、日本史としては「当り前」と受け止めていると思います。しかし本書の見地は、これが実は、日本の戦前以来の大きな問題ではないか、というところにあります。

何故ならば、〝この『日本史』〟は麻生氏がいわれるとおり、世界で「日本（本土）しかないという特質をもつ歴史」だからです。日本以外のすべての国と、同じ日本人の沖縄の社会・国家形成・発展史は、複数王朝・国家の交代的発展史です。つまり問題は「なぜ本土日本人だけが、世界で全く異質・異例の〝唯一王朝〟という歴史の持ち主なのか」と言う点にあるわけです。すなわち本土日本人は、人類としての普遍性をもたない「異星人」なのかという問題です。

二

この問題の今日的意味は過去にむかっては、世界・沖縄とは極端に異質の歴史を「日本史」とし、本土日本人を世界＝人類の例外、「万邦無比の歴史の民族」としながら、未來にむかっては、複数的多元的王朝・国家の交代的発展を遂げてきた、欧米の歴史と文化が育んだ「自由と民主主義」を〝日本でも〟、と主張するのは、「歴史観としては筋が通らない態度ではないか」、という視点です。

現に戦前の日本社会に有名な『国體の本義』（一九三七年、文部省発行）では、日本社会の特質を、「大日本帝国は、万世一系の天皇皇祖の神勅を奉じて永遠にこれを統治し給う。是、わが万古不易の国体である。而してこの大義に基づき、一大家族国家（！）として億兆（国民）一心聖旨（天皇の命＝政府の命）を奉体して、克く忠孝の美徳を発揮する。これ、我が国体の精華とするところである。」（同書、九頁、（　）内は引用者）と述べて、国民のあり方の基本を、「忠孝の美徳の発揮」、すなわち天皇と政府の政策・方針に、絶対服従する点が「我が国体（日本社会）の精華」とされているわけです。つまりは、国民にたいして天皇をかかげる政府絶対主義の歴史観であり社会観です。

同時に、これに対比して『国体の本義』では、欧米の歴史・文化を「歴史的考察を欠いた（!?、引用者）合理主義、実証主義であり、一面に於いて個人に至高の価値を認め、個人の自由と平等を主張すると共に、他面に於いて国家や民族を超越した抽象的な世界性（「人権と自由と民主主義」の普遍性、引用者）を尊重するものである。」（同書、三頁）とのべ、人権・個人の自由、民主主義をいう「西洋思想と文化」を、「個人本位の文化」（同書、五頁）と決めつけ、わが国に合致しないとし、日本でのこうした主張を「西洋かぶれ」としています。

三

これを「それは戦前のことで、日本でも戦後は違う。」などというのが、「日本式思考」と思います。戦前の日本社会のあり方論の根底に、「万世一系の天皇制」という「万邦無比の国体論」がおかれ、「自由と民主主義」が「西洋かぶれ」と否定されていたのに、戦後になると「万世一系の天皇制」は、「象徴天皇制」と表現を変えて保持され、「二千年来、唯一王家を保持したのは日本だけ」と、戦前同様の主張が日本史論として掲げられ、それへの疑念や批判論は一切、公的には存在しないままで、「自由と民主主義の日本社会論」、あるいは「西側の一員論」、または将来の日本社会の「あり方論」が、「人類社会の普遍的発展方向にそって」云々されるなど、歴史論の日本民族異端論・普遍性拒否論と、将来の日本社会のあり方論や展望が、「人類史的普遍性論」で云々されるなど、そこになんの矛盾もないかのような姿は、本来、理論的一貫性の欠落、思考の恣意性、ないしは無原則性を露呈したものではないか、と考えるものです。

戦前の政府・政治が、「万世一系の天皇制」の日本史にたって、「自由と民主主義」を「反日本的」としたのは、その当否は別に、思考の形式、論理的一貫性という点では、一応の形と考えるものです。この意味は、「自由と民主主義の日本」をいう立場からの首尾一貫した哲学的歴史観的見地は、「万世一系の天皇制」の日本史論の真偽を、あらためて検証するというのが当然の姿ではないか、という考え方です。

「日本の常識は世界の非常識」という言葉がありますが、まさに「二〇〇〇年来、唯一王家」という「日本史」は、戦後、「自由と民主主義」の衣を着ても「衣の下の鎧」であって、これの歴史学的真偽を解明することは、日本民族を人類の一構成員と云うとすれば、また日本の民主主義・国民主権の真の確立をめざすとすれば、不可欠の課題ではないかという考え方です。まさにここに、今日の「日本古代史、日本史探究の真の意味と課題がある」と考えるものです。

四

私は一九三三（昭和八）年生まれです。戦前の日本の社会、あの「大東亜戦争」（第二次大戦）、広島・長崎の原爆被爆、一九四五年三月一〇日の東京大空襲など、戦争と日本の軍国主義時代を生きた、今日では少数派の日本人です。私の妻は、あの三月一〇日の東京大空襲で両親を殺され孤児として育ちました。

小学校に入れば「教育勅語」は神聖で、日本人のあるべき姿という教育をうけ、〝天皇陛下の御為に、「鬼畜米英撃滅、大東亜共栄圏建設のために」、命をなげうって御奉公をすることこそが、日本男子のあるべき姿〟と、教育された一人です。圧倒的に多くの人がそう考えていた時代です。こうして多くの青年をはじめ、日本国民の生命と財産がうしなわれ、挙句の果てに敗戦でした。

敗戦とともに日本の社会は激変しました。戦前、天皇は現人神《あらひとがみ》とされていましたが、アメリカ軍の日本進駐の後に「人間宣言」がおこなわれ、昨日までの価値観は否定されました。大分県の耶馬渓に育った私は、戦争末期、沖縄戦につづいて米軍の九州上陸作戦がささやかれ、「お国のために命をささげるのは当然」と考え、小学生でしたがアメリカ兵二人は殺したいと木剣をつくり、毎日、物陰から飛び出して「突き」で殺す練習をしていました。

「二人」の理由は、子供でも「一人では御奉公には少なすぎる」と考えたからです。近代戦の現実に照らせば戯言にもならないでしょうが……。

しかし、同時に、「万世一系の天皇陛下（制）」には、どうもひっかかるものがあって、「万邦無比の国体」にも、〝なんで日本人だけが、世界と違うんだ？〟という疑問はありました。

戦後、旧制中学生のころには、「万邦無比の国体」というような歴史は、あり得ない歴史じゃないか、もちろん「神代」からの〝王家〟など論外で、「万世一系の天皇制」、すなわち〝日本の王朝・国家はヤマト朝廷ただ一つ〟というのが本当ならば、世界の国々や沖縄は複数王朝だから、本土日本人はここが世界や沖縄の人々と〝違う〟という、明確な特徴とその理由の説明、およびその証明がない限り〝「万世一系の天皇制」などの歴史は、偽造の歴史じゃないか〟と、一人考えておりました。

五

さて私はその後、美術学校（西洋画科）にすすみました。後年、古田武彦氏の『失われた九州王朝』（朝日新聞社、一九七三年。現在、ミネルヴァ書房）を読んで、唐の正史の『旧唐書』が日本を「二国併記」していること知り、専門外の古代中国の正史・『旧唐書』東夷伝を探して読み、七世紀以前が「倭国伝」、八世紀以降が「日本国伝」と、日本の王朝・国家が二国併記されている事実を自分の目で確かめて、少年時代に考えていたことに根拠があったことを知り、「やっぱりそういうことだったのか」とおもいました。

日本古代史関連の〝学者の日本古代史〟は戦前はもちろん戦後でも「万邦無比」、すなわち世界に例がない〝「ヤマト朝廷一王朝史」という、社会・国家の形成・発展史〟です。しかも日本以外の全世界と古代琉球の国家・王朝の誕生・形成の歴史は、みな都城・京師などと呼ばれる首都の形成と発展が中軸であり、なぜそうなるのかという点も、学問的にその必然性が明らかにされています。本論でくわしくのべます。

ところが日本の場合、『古事記・日本書紀』ともに、神武天皇から天武天皇にいたる四〇代の天皇には、首都・都城・京師がありません。すなわち七世紀以前には、「古代ヤマト朝廷」には〝首都・都城・京師〟という、国家誕生の言わば「臍」がないのです。しかもこれを『古事記・日本書紀』が明記しているのです。

これは例えれば人間のみならず、哺乳動物はみな臍があります。ところが「俺には臍などない」という人がいるようなもので、〝あなたは、本当に人間か〟というようなものです。しかし「尊皇攘夷」の「尊皇」論を形成したいわゆる「近世尊皇日本史」、その伝統を継承する戦前・戦後の日本古代史は、この問題をまったくとり上げていません。学問的には不可解です。

古代ヤマト朝廷自身が本文で指摘するとおり、自ら公認している最初の都城・京師は、事実上八世紀の藤原京（六九四年）です。そうしてこの藤原京成立の時期と、唐とそれ以前の古代中国正史類が記す〝倭国交流記〟の終焉の時期、およびヤマト朝廷がはじめて古代中国の正史・『旧唐書』に登場する時期とが一致しているのです。

しかし、今日ただいまといえども大学の日本古代史学では、古代ヤマト朝廷が度重なる使者派遣をしたという唐朝側が、〝日本を「二国併記」＝日本の王朝交代を記録をしている〟という事実、つまりは『古事記・日本書紀』のヤマト朝廷一王朝史とは両立の余地のない、その意味で〝重大な日本史にかかわる記録〟をしているという事実を、国民にまったく説明していません。

これは国民にとって重大な問題ではありませんか。大学の〝日本古代史の最初の仕事〟は、先ずこの事実を国民に広く明らかにして、古代中国の対日交流記と『古事記・日本書紀』の日本史と、どちらが事実か、これを明らかにすることこそが、真の日本古代史学のあるべき姿ではないか、こう考えるものです。

しかもこの問題は、昭和時代では古田武彦氏が、すでに取り上げられている問題であって、古田武彦氏の指摘にも、日本古代史の学者諸氏は、自称マルクス主義にたつという日本古代史学者をふくめて、一致して無視という態度であります。

戦後の日本では、〝表現の自由、知る権利〟と、まことに結構な姿ですが一皮むけば、自分に不都合な問題は、学問上、重大なこと、否、学問上、〝重要だから無視する。そうしないと自分の「説」の、不都合な点が公けになってしまう〟というのでは、〝学問の自由〟はもちろん、〝表現の自由、知る権利〟も「絵に描いた餅」になってしまうのではありませんか。

　これでは戦前の二の舞です。本書は、唐以前の中国正史類の「対倭」交流記、および唐と古代ヤマト朝廷の交流記をも紹介し、また日本古代史学の学者諸氏への、「おたずね」をも記して、ささやかながら一国民として、日本民族の〝真実の古代史〟を考えようとするものです。これは今日の日本にとって意味あることと思います。

第一章　『日本書紀』等と古代中国史料等（倭国交流記）の対立

一　学者はなぜ沈黙する？

「はじめに」で述べたとおり、唐の正史『旧唐書』（撰者は劉昫〔八八七～九四六〕）の東夷伝には、七世紀以前の日本の王朝・国家を「倭・倭国」、長安三年（七〇三）以降を「日本国」とし、さらには「日本国は旧小国《もと》、倭国の地を併せたり」と、書いています。

これは『古事記・日本書紀』の〝日本史〟とは両立の余地のない〝日本古代史〟であって、「倭国」とヤマト朝廷とは別々の国家・王朝であること、しかも倭国を併合した日本国、すなわち「ヤマト朝廷は、もともと単なる「一小国に過ぎなかった。」という記録です。

国号・日本にかんしても、「倭国自らその名の雅ならざるを憎み、改めて日本となすと」、と記されています。日本という国号を初めに使ったのは、〝学問・日本古代史〟には「存在しない」〝非ヤマト朝廷である倭国だ〟というのです。

『旧唐書』のあとの正史『新唐書』日本伝にも、「日本の使者自ら言う。国日出るところに近し。以て名と為す。あるいは言う日本は乃《すなわち》ち小国。倭の所（倭国）を併せる。故にその號を冒す。」と記されています。この引用文の「日本」は、八世紀以降のヤマト朝廷を指したものです。

これは『古事記・日本書紀』を基本的に〝正しい〟としてきた、明治から今日の〝日本史〟、すなわち〝日本の王朝はヤマト朝廷ただ一つ〟という日本史とは、〝正反対の日本史〟です。しかし反面、複数の王朝交代という全世界の国々はもちろん、日本本土とは独立に国家・社会を発展させた、古代琉球・沖縄とも共通性のある歴史の姿です。すなわち唐の二つの正史の日本史では、日本民族の歴史もまた世界の諸国民・諸民族同様に、複数の王朝の交代的発展史になるのです。

こうして「万邦無比の国体」的日本史と、「人類の社会・国家形成・発展史の一翼としての日本史」との対立が、浮かび上がってくるわけです。これは戦前の言葉でいえば「万邦無比の国体」、すなわち「世界に例がない日本だけの国家発展史の姿」という主張ですが、〝これは根本から誤ったものだった〟ということになるわけです。

しかし、『旧唐書』倭国伝や日本国伝等の、古代中国正史類の対日交流記にみる〝日本史、すなわち複数王朝の交代の日本史〟は、日本古代史の学説と矛盾するばかりか、戦前の「大日本帝国憲法」第一条の「大日本帝国ハ万世一系ノ天皇之ヲ統治ス。」、また戦後の、「天皇は、日本国の象徴であり日本国民統合の象徴……」という規定と相矛盾する日本史、ということになるのです。

こうした大変な記録が、古代ヤマト朝廷が何度も「遣唐使」を派遣した相手国唐の、しかも二つの正史に記録されているのです。さらには倭国を併合したヤマト朝廷を、〝もと小国〟と明記してもいるのです。唐には遣唐使のほかにも、留学生・留学僧が多数派遣されていることは周知のことです。したがってこの唐の正史の、日本の複数王朝記に一切ふれない「ヤマト朝廷一元史」を、学問という大学の日本古代史学を〝おかしいな〟と思うのは、当り前じゃないですか。

そのうえ『新唐書』の「日本国伝」には、ヤマト朝廷の使者が唐に述べた『日本史』が、「使者・自ら言う」として日本神話、「神武の東征」以来、第五八代の光孝天皇（八八四〜八八七）まで、天皇名をあげて延々と説明され、隋に使者派遣した天皇は用明天皇とされています。

不可解です。もちろんそこには卑弥呼も、「倭の五王」もありません。その点、『古事記・日本書紀』（以後、『記・紀』という）に、卑弥呼も「倭の五王」も一字もないのと同様です。

例の国書、「日出ずる処の天子、書を日没する処の天子に致す……」で有名な『隋書』俀国伝（たいこく、江戸時代以来、日本では『隋書』倭国伝と称されていますが、中国の正史・『隋書』では『俀国』と記載）が、なぜ「倭国」でなく『俀国』なのか、『旧唐書』について述べるところで説明しますが、実はこの「俀国」名こそが、国号・日本を誕生させる背景であることも書かれています。ここでも国号・日本の由来は、大学の諸先生の説明とはまったく違っているのです。

以上、唐以前の中国正史類等の「対倭・対ヤマト朝廷交流記」は、私どもが教えられている日本古代史とは、まったく違っているのです。はたしてどちらの〝日本古代史〟が真実か、問うのは当たり前ではありませんか。

二　「古代中国史料」等を肯定した人々

この古代中国正史類の「対倭、対ヤマト朝廷交流記」を、正当と主張していた人たちが、昭和の古田武彦氏のはるか以前、江戸時代、明治時代にもそれぞれいるのです。この点は〃さすがに日本人〃なのです。まずは約三〇〇年前の新井白石（一六五七～一七二五）の最晩年の「水戸史学批判」です。

「水戸にて出来候本朝史（『大日本史』）などは、定《さだ》めて国史（古事記・日本書紀）の誤りを、御正し候事とこそ頼もしく存じ候に、水戸史館衆と往来し候て見候へば、むかしの事は日本紀（日本書紀）続日本紀等に打任せられ候體に候。それにては中々本朝の事実は、ふっとすまぬ事と辟見に候やらむ。老朽などは存じ候。本朝にこそ書も少なく候へども、後漢書以来、異朝の書に本朝の事、志るし候事共、いかにもいかにも事実多く候。

それをばこなた不吟味にて、かく異朝の書の見聞之訛と申しやぶり、又三韓は四百年余、本朝の外藩にて、それに見え候事にもよき見合せ候をも、右の如くにやぶりすて候。本朝国史々々（日本書紀・古事記）とのみ申すことに候。まづは本朝の始末、大かた夢中に夢を説き候やうの事に候。……」（『新井白石全集』第五巻、「白石先生手簡、佐久間洞巌書」、五一八頁、印刷者、本間季男氏、明治二九年。引用文内の（　）、傍線は引用者）というものです。

白石は古代中国・朝鮮諸国の「対倭」交流記をことごとく否定する、近世の尊皇日本史論（水戸史学）を、「本朝の始末、夢中に夢を説き候ようの」態度と、厳しく批判しています。

次は明治時代です。それは広池千九郎氏編修の『日本史学新説』（一八九二年（明治二五）出版、国立国会図書館、近代デジタル・ライブラリー収録。冨川ケイ子氏著、「九州年号・九州王朝説」、『古田史学』№65）です。

内容の特徴は、「昔、九州は独立国にして年号あり」（今泉定介氏著）と、「倭と日本は二国たり、卑弥呼は神功皇后に非ず」（飯田武彦氏著）です。この広池千九郎という人は、当時の東京帝国大学教授ではないかと推測しますが、そうであればその他の著者も同様と思われます。しかし、この著書もまた、無視されています。

何故こうした無視という、学問的には肯定されないものが、一国の「歴史学」につきまとうのかを問えば、こうしなければ〝戦前・戦後の憲法第一条の、日本史的根拠が問われるからだ〟と思います。戦前・戦後の日本古代史学が、古代中國正史類の「対倭交流記」の、学問的検討を拒否し、これを無視・否認する背景には、こうした重大な問題があると考えるものです。

三　近世尊皇史学・国学など

今日の日本古代史学を形成している根本は、もちろん『古事記・日本書紀』ですが、これを江戸時代に神聖化・絶対化する学問が勃興しています。それはさきに指摘した水戸史学ならびに国学です。これらは、「皇国史観」史学とよばれたもので、戦後は批判的に克服されたことになっていますが、それは後で述べるように真の批判とは言えないものです。

この江戸時代に新たに勃興した新潮流の性格、役割について、先に述べた『国体の本義』が、非常に適確に述べています。

「徳川幕府は朱子学を採用し、この学統より大日本史の編纂を中心に水戸史学が誕生し、又、それが神道思想、愛国の赤心と結んでは……先門学派を生じたのである。……儒学に於ける大義名分論と竝んで重視すべきものは、国学の成立とその発展とである。

国学は文献による古史古学（古事記、日本書紀、万葉集、源氏物語など）の研究に出発し、復古主義にたって古道・唯神（天皇神格化、天皇を頂点とした社会の上意下達を日本の特質と主張）を力説し、……国民精神の作興に寄与するところ大であった。……徳川末期においては、神道家、儒学者、国学の学統は志士の間に交錯し、尊皇思想は攘夷の説と結んで勤皇の志士を奮起せしめ、実に国学は、我が国体を明徴《あきらにらか》し、これを宣揚することに努め、明治維新の原動力になったものである。」(同書、七七頁)とあります。

興味深いのは、戦前、天皇制とともに中国等への日本軍国主義の侵略戦争反対をかかげた、日本共産党の獄死(一九三四年)された幹部の一人である、野呂栄太郎氏著の『日本資本主義発達史』(岩波文庫、一九五四年、第一刷)にも、次の記述がある点です。

「尊皇論を以て、或は国学研究の勃興に帰し、或は徳川氏が自己の覇業を……自らは王道と信じて……維持せんが為に奨励せる漢学就中朱子の注による尊王賤覇の説に帰し、或は又朱子学にたいする陽明学の輸入に帰する等、論拠とする所必ずしも一つではないが、尊王論の勃興を以て学問の研究に帰する点に於いて一致して居り、而も何れも一応の論拠を有することは、これを認め得る。」(五七頁)。ようするに明治維新に掲げられた「尊皇・攘夷」の尊皇論、尊皇思想、つまりは戦前の憲法の第一条「大日本帝国ハ万世一系ノ天皇、之ヲ統治ス」という、尊皇日本史論を形成したものは、『古事記・日本書紀』絶対主義という日本史観・日本社会観・日本文化観にたつ水戸史学、および国学であるということです。しかし「自由民権運動以来の近代天皇制批判では、天皇制の日本史的真偽問題は素通りされました。

さて国学の代表、本居宣長の古代中国・朝鮮史料にたいする態度は次のようです。

「学問して道(『古事記・日本書紀』の日本史と、そのもとでの日本社会の伝統と国民のあるべき姿＝道)

をしらむとならば、まず漢意《からごころ》（＝古代以来の中国文化の重視）をきよくのぞきさるべし。から意の清くのぞこらぬほどは、いかに古書（古事記・日本書紀等）をよみても、古《いにしえ》のこころを知らでは、道はしりがたきわざなむ有りける。」（『玉勝間』）。

「初学の輩、まず漢意を清く濯ぎ去って、やまと魂を堅固《かた》く、すべきことは、たとへばもののふの、職場（ママ）におもむくに、まず具足をよくし、身をかためて立出るがごとし。身をかためずして、神典《かみのみふみ》（＝古事記・日本書紀）をよむときは、甲冑をも着ず、素膚にて戦ひて、たちまち敵のために、手を負ふごとく、かならずからごころ（古代中国正史類の「対倭交流記の正当性を確認する立場」）に陥るべし。」（『玉勝間』）。

以上のように「近世尊皇思想」を形成したこの二大学派の特質は、『古事記・日本書紀』絶対主義であって、逆に言えば古代中国等の正史類の、「対倭国交流記」の全面的絶対的否定を特徴とするのです。つまりは今日の〝学問・日本古代史〟とは、〝古代のロマン〟云々が問題ではなく、「明治維新」にかかげられた「尊皇・攘夷」の「尊皇論」の、日本史的正当性の主張を特質とする〝学問〟なのです。

したがって新井白石や広池千九郎氏編修の『日本史学新説』が、無視されたように古田武彦氏の、一九七一年（昭和四六）の『「邪馬台国」はなかった』（朝日新聞社）、おなじく一九七三年（昭和四八）の『失われた九州王朝』（朝日新聞社）、さらに一九七五年、『盗まれた神話』（朝日新聞社）

もまた、現代の日本古代史の学者の諸先生によって無視されているのだと考えます。
　この姿は突き詰めていえば新旧憲法第一条、およびそれを学説的に権威づける近世尊皇史学・水戸史学・国学以来の、『古事記・日本書紀』絶対主義の「日本史論」を守るためと思います。しかし、それは学問の根本的生命である、「事実・真実の探究」を踏みつけることに通じるのではありませんか。この点、諸先生におたずねしたい点です。

〈参考文献〉

『旧唐書』
『新唐書』日本伝
『新井白石全集』第五巻
広池千九郎編修『日本史学新説』国立国会図書館　一八九二年
『古事記』岩波文庫（以下の章、同様）
『日本書紀』日本古典文学大系　岩波書店
『国体の本義』文部省　一九三七年
野呂栄太郎『日本資本主義発達史』岩波文庫　一九五三年
本居宣長『玉勝間』
古田武彦『邪馬台国はなかった』朝日新聞社　一九七一年
古田武彦『失われた九州王朝』朝日新聞社　一九七三年
古田武彦『盗まれた神話』朝日新聞社　一九七五年

第二章　歴史の真実の探求と「実証主義」

一　実証主義的考古学

古代史の探求は、文字の記録がのこされているという点で原始時代、日本でいえば縄文時代史との違いがあると思います。

日本の古代史にかんしても、先ほどから述べているとおり『古事記・日本書紀』の他に、『後漢書』倭伝以来、『魏志』倭人伝、『宋書』倭国伝、『隋書』俀国伝、『旧唐書』倭国伝と日本国伝、および『新唐書』日本伝をはじめ多数あり、さらには『三国史記』という、古代朝鮮諸国の記録があります。

古代史の探求とは、それらの文字の記録が事実かどうか、この探究が基本であって、本来、『古事記・日本書紀』のみを偏重し、古代中国正史類や古代朝鮮諸国の正史類の「対倭」交流記を、最初から排除・否認、ないしは歪曲する態度は、世界の古代史学のあり方に反した態度です。

私は『記・紀』とともに古代中国正史類の、「対倭国」交流記事に関しても実証主義的な検証にたって、その真偽を明らかにすべきと考えるものです。戦後、日本古代史学でも〝実証主義〟が重視され、〝三角縁神獣鏡・魏鏡説〟や巨大前方後円墳・大和朝廷造営論が、考古学の中心におかれていることは、衆知のことです。

ところが一九世紀以降のヨーロッパや近代中国の考古学と、日本の「考古学」との決定的な違いは、ヨーロッパ・中国の場合、古代文献の検証としての考古学という性格が目につく点です。たとえば一九世紀、歴史学的考古学を誕生・確立したドイツ人、ハインリヒ・シュリーマンの「トロイ発掘」は有名です。これが近代ヨーロッパでの実証主義的考古学の、嚆矢であることは周知のことです。

当時のヨーロッパの著名な古代史学者が、一致して単なる文学的創作物、すなわち架空の物語と見なしたホメイロスの、『イリアス』や『オデッセイ』を事実の記載と考えて、その記事にしたがってトロイを発掘したことです。これはあまりにも有名です。

シュリーマンは歴史の探究では、「学問的な思弁よりも、古人の書いた文献の方がいっそう権威があり、信頼もおける。」（『神・墓・学者・上』C・W・ツエーラム著、八三頁、村田数之亮氏訳、中公文庫、一九八四年。傍線は引用者）と述べています。

古代の神話の検証としての考古学は、シュリーマンの後、クレタ島でギリシャ神話に有名な「ミノタウロスの迷宮」を、イギリス人でオックスフォード大学の先史考古学の教授・アーサー・エヴァンスが発掘し、また、『聖書』に有名な「ノアの箱舟」の神話の実態が、先人の楔形文字の解読の努力と、多くの発掘者の探求によってチグリス・ユーフラテス河をとりまく砂漠のなかから、その真の姿を現したことは知られています。

イギリス人、ジョージ・スミスは一八七二年に、『聖書』に有名な「ノアの箱舟」の原型、『ギルガメシュの叙事詩』の従来欠落していた部分の楔形文字の粘土板、三八四枚を発見して持ち帰り、それを解読し「ノアの大洪水」が、単なる神話ではなく、「これらすべての伝説には一つの真実の核がその根底に横たわる。」（『神・墓・学者・下』、一〇九頁）ことを明らかにしたことも有名です。

以上は一九世紀ごろのヨーロッパの「実証主義的考古学」にかんする記載です。なお、古代エジプト史と考古学の関係についても、「ロゼッタ石に記された三文書」の解読の意味について、いまさらいうまでもないことでしょう。古代中国の考古学もまた、出土品に残る文字の記録と、歴代の史書の比較等にたって探究されている点も、断るまでもないでしょう。

これに対して戦後の日本古代史で、もてはやされている「考古学」とは、衆知のとおり「三角縁神獣鏡・魏鏡説」とか「巨大前方後円墳・ヤマト朝廷造営論」です。この「巨大前方後円墳・ヤマト朝廷造営論」は知られているとおり、江戸時代にあらためて『古事記・日本書紀』神聖化・絶対化を主張しはじめた、近世尊皇日本史論の確立者、たとえば蒲生君平、松下見林などが有名です。それは『古事記・日本書紀』絶対主義であって、これらの人々は、『旧唐書』以前の「倭国伝」等を、最初から否認する立場の人々です。すなわち国籍の如何を問わず、古代文献を重視し、実証主義的にその記述の成否を探究しようという考え方とは、相容れないものです。したがってシュリーマン的科学的考古学の観点にたつ時、破綻する運命なのです。
その点、後述するとおり戦後日本古代史学の「実証主義」の金看板、「三角縁神獣鏡・魏鏡説」が国際的に批判にされ、破綻したところに示されるのです。

二　七世紀以前、「都城・京師・首都」がないヤマト朝廷

私がもっとも不審に思うのは『古事記・日本書紀』では、神武天皇から天武天皇にいたる四〇代に、都城・京師・首都がないという問題です。つまりは首都とそこに一定期間定着した王宮がない王朝・国家という姿が、『古事記・日本書紀』の七世紀以前の「ヤマト朝廷」だという点です。

この間　各天皇の治世一代毎の宮（日本古代史ではミヤコと読む）が、最低でも一ヶ所、多ければ複数個所も記されています。『記・紀』では六九四年の藤原京が〝最初の京師〟とされ、「大化の改新の詔」では、「初めて京師を修め……」と、孝徳天皇自身が「初めて」と言明しており、しかもこの「詔」は、「七〇一年の大宝令からの遡及」、と井上光貞氏は指摘（『日本の歴史・3』、三〇七頁、小学館、一九八七年、第八刷）されています。

これに対して日本本土以外の全世界の古代国家は、古代沖縄をふくめて都城・京師・首都を中心に形成されているのであって、都城・京師・首都のない王朝など、臍のない人間はいないのと同様

に存在しないと考えますが、この点に関しても学者の方々に、ぜひ、お尋ねしたいとおもいます。日本以外に「王の治世四〇代にわたって」、都城・首都とそこに基本的に定着した王宮のない王朝・国家が、世界にあったらぜひ、お教え願いたいと。

何故ならば都城・京師・首都とは、氏族社会から国家が誕生するにあたって、必然的に形成される、人に例えれば「臍の緒」のようなものであって、マルクスやエンゲルス、またモーガンによって、すでに約百年以上も前に解明され、その後、日本本土以外でマルクス云々と無関係な、それぞれの国の歴史学者によって確認されているものです。

その点で、もっとも不審なのは日本古代史学にかかわる、自称「マルクス主義」の諸先生です。これらの先生は、私見では「マルクス主義」というかぎり、本来は、「万世一系史観＝ヤマト朝廷一元史と史観」への批判者であるべきを、一元史観の「右派」の先生に絶賛される方（石母田正氏、『岩波講座・日本歴史』第一巻、二〇一三年。五頁）までいるわけです。本当にマルコポーロが云ったとかいう、〃ニポンは不思議の国〃ですね。

三　七世紀以前……、『記・紀』の記載

『日本書紀』、『古事記』では、「神武天皇〜天武天皇」の四〇代にわたって、都城・首都がなく、

〝天皇一代の治世のごと〟に、その「宮《みやこ》」が、奈良県内や大阪方面等々へ点々と移動しています。この間四〇代の天皇のうち、在位年代一桁が一三人、うち五年以下が九人です。その天皇も各自、「宮」を、最低でも一ヶ所、多ければそれ以上新設しています。いまから約一三〇〇年以上も前、当時の交通・運搬手段と建築技術等を考えれば、この「宮《みやこ》」の規模は、〝おして知るべし〟という水準ではないでしょうか。

この「遷宮」にかんしては学者の方々にも、次の指摘があります。「当代（六六二年頃）には、天皇が一代ごとに宮を遷す習慣があった。」（田村圓澄氏編、『古代を考える、大宰府』、四六頁、吉川弘文館、一九八七年、第一刷）。また井上光貞氏も、「崇峻以前は点々としていた皇居も、これ（蘇我氏の法興寺建立）以後は、孝徳天皇が難波に、天智天皇が近江に短期間皇居をおいた他は、ほぼこの飛鳥寺を中心にした狭義の飛鳥のうちにおかれた。」（井上光貞氏著、『日本の歴史・3』、二〇二頁、小学館、一九八七年、第八刷）と述べておられます。

これも不思議な光景ですね。国家にとって首都とそこに定着した王宮・議事堂のない国家など、心臓のない人間を云々するようなもので、はじめから問題にもならないものではありませんか。つまりは『古事記・日本書紀』の神武から天武天皇にいたる間の記述は、〝事実の記録〟とは考えられないということです。

現に二〇一三年の『岩波講座・日本歴史・第一巻』（第一刷）には、学者ご自身が、「都城は政治の中心である・・・」（同書、一六頁）と述べています。これにたてば七世紀以前の「ヤマト朝廷」には、「政治の中心がない。」というべきではありませんか。お尋ねしたい点です。

しかもここには、「天皇一代ごとの遷宮」がこともなげに指摘されて、なぜ京師・都城・首都およびそこに定着した王宮がないのか、という点への疑念や関心などはまったく見られません。しかし、日本本土以外の全世界と古代琉球・沖縄の古代国家は、例外なく都城・京師・首都を核として形成されています。

つまりは古代ヤマト朝廷の最初の都城・首都は、事実上、八世紀の藤原京です。それ以前に、ヤマト朝廷には都城・首都がないのです。以下、『日本書紀』（岩波書店、日本古典文学大系）、および岩波文庫の『古事記』によって、天皇の治世一代ごとの「宮《みやこ》」を列挙すれば次のとおりです。

①	神武	橿原宮	奈良県畝傍山東南の地という	『記』畝傍の白檮原宮
②	綏靖	葛城の高丘宮	同右、御所市森脇という	『記』、葛城の高岡宮
③	安寧	片塩の浮孔宮	同右、大和高田市三倉堂	『記』、片塩の浮穴宮
④	懿徳	軽の曲峡宮	同右、橿原市大軽町付近	『記』、軽の境岡宮
⑤	孝昭	掖上の池心宮	同右、御所市池之内付近	『記』、葛城の掖上宮
⑥	孝安	室の秋津嶋宮	同右、御所市室という	『記』、室の秋津嶋宮
⑦	孝霊	黒田の蘆戸宮	同右、磯城郡田原本町黒田	『記』、同上
⑧	孝元	軽の境原宮	同右、橿原市大軽町付近	『記』、軽の堺原宮

⑨	開化	春日の率川宮	同右、奈良市付近	『記』、春日の伊邪河宮
⑩	崇神	磯城の瑞籬宮	同右、桜井市金屋付近	『記』、師木の水垣宮
⑪	垂仁	纏向の珠城宮	同右、桜井市北部という	『記』、師木の玉垣宮
⑫	景行	纏向の日代宮	同右、桜井市穴師	『記』、纏向の日代宮
⑬	成務	『紀』記載なし（『記』は滋賀県大津市という）		『記』、志賀の高穴穂宮
⑭	仲哀	敦賀の笥飯宮、穴門の豊浦宮、筑紫の橿日宮等		『記』、穴門の豊浦宮など
⑮	神功皇后	磐余の若桜宮、不明という		
⑯	応神	「明宮」。一二年、大隅宮、大阪市東淀川区東大道町？		『記』、軽島の明宮
⑰	仁徳	難波の高津宮	今の大阪城址付近というが不明	『記』、難波の高津宮
⑱	履中	磐余の稚桜宮	奈良県桜井市池之内付近という。	『記』、伊波礼の若桜宮
⑲	反正	丹比の稚桜宮	大阪府羽曳野市郡戸か不明	『記』、多治比の柴垣宮
⑳	允恭	不明　藤原宮？		『記』、遠飛鳥宮
㉑	安康	石上の穴穂宮	奈良県天理市田という	『記』、同上
㉒	雄略	泊瀬の朝倉宮	奈良県桜井市大字瀬町付近	『記』、長谷の朝倉宮
㉓	清寧	磐余の甕栗宮	〝不明〟という（紀）五〇四頁	『記』、伊波礼の甕栗宮
㉔	顕宗	近飛鳥八釣宮	同右、高市郡明日香村大字八釣……ただし諸説あり。	『記』、近飛鳥宮
㉕	仁賢	石上の広高宮	同右、天理市石ノ上付近か	『記』、同上
㉖	武烈	泊瀬の列城宮	同右、桜井市初瀬付近かという	『記』、長谷の列木宮
㉗	継体	山背の筒城、一二年山城国弟国、二〇年磐余の玉穂。		『記』、伊波礼の玉穂宮

㉘	安閑	勾の金橋宮	同右、橿原市曲川町という	『記』、鈎の金箸宮
㉙	宣化	檜隈廬入野宮	同右高市郡明日香村という	『記』、檜坰の廬入野宮
㉚	欽明	磯城嶋の金刺宮	同右桜井市金屋という	『記』、師木島の大宮
㉛	敏達	百済大井宮	大阪府河内長野市太井説、奈良県北葛城郡百濟説ありという	『記』、他田宮（奈良県磯城郡
㉜	用明	池辺雙槻宮	奈良県桜井市阿倍という	『記』、池辺宮
㉝	崇俊	倉梯宮	同右、桜井市倉橋という	『記』、倉椅の柴垣宮
㉞	推古	豊浦宮	同右、高市郡明日香村豊浦	『記』、小治田宮
㉟	舒明	飛鳥の岡本宮	同右、高市郡明日香村に複数説	『記』記載なし
㊱	皇極	飛鳥の板蓋宮	同右、高市郡明日香村大字岡という	
㊲	孝徳	難波長柄豊崎宮	大阪市東区法円坂町かという	
㊳	斉明	後飛鳥岡本宮	〝舒明を飛鳥岡本宮天皇、皇極を飛鳥板蓋天皇、斉明を後飛鳥岡本天皇という〟とある	
㊴	天智	近江大津宮	場所不明という	
㊵	天武	飛鳥浄御原宮	飛鳥村岡、奈良県高市郡明日香村島ノ庄という	

以上ですが、これをみても天皇の治世の交代ごとに奈良県内や大阪方面に、「宮《みやこ》」を点々とさせています。しかしこれで国家の統治などできないことは、家臣を集めて命令を伝えるにしても、天皇四〇代にわたってその世代交代ごとに、〝奈良県橿原市〟、次は大和高田市、次はどこと「宮《みやこ》」がうつっては、貴族らの臣下群は、その都度、あげて一斉の引っ越しをしたのですか。在

位一〇年前後の天皇も一〇人以上はいるでしょう。臣下たちはその度に、あげて引っ越しをしたなどというのは、国家・王朝の確立という点からは、問題にもならないのではありませんか。この『記・紀』自身の七世紀以前、「ヤマト朝廷」に〝都城・京師・首都なし〟記事が、『旧唐書』『新唐書』の「ヤマト朝廷・もと小国」記載を、自ら証明・告白したものと考えます。

〈参考文献〉
『後漢書』
『魏志』倭人伝
『宋書』倭国伝
『隋書』俀国伝
『旧唐書』倭国伝　日本国伝
『新唐書』日本伝
『三国史記』
ホメロス『イリアス』
ホメロス『オデッセイ』
C・W・ツェーラム『神・墓・学者』中公文庫　一九八四年
『岩波講座・日本歴史』第一巻　二〇一三年
田村円澄編『大宰府　古代を考える』吉川弘文館　一九八七年
井上光貞『日本の歴史　3』小学館　一九八七年

『日本書紀』日本古典文学大系　岩波書店
『古事記』岩波文庫

第三章　国家形成と都城・首都

一　世界の古代国家は、都城・首都を核に誕生

〝七世紀以前のヤマト朝廷〟以外、全世界と古代琉球・沖縄の国家は、都城・首都を核として形成されており、その必然性もヨーロッパの歴史学で百年以上も前に、またその後中国でも明らかにされています。まずこの点にかんして述べます。

古代中国の国家形成・発展史は知られているとおり、古代メソポタミア、エジプト、インドともども世界最古です。その歴史は司馬遷の『史記』に、かなり詳細に記されていることも周知のことです。しかも、これもすでに明らかにされていることですが、中国最古の王朝・夏も、次の殷も『史記』の記載が、事実と確認されたのは、まずは殷の首都・「殷墟」の発掘、さらにはこの時、出土した多数の甲骨文字の研究によって、『史記』に記される殷の「王統譜」と、殷墟から出土した甲骨文字の殷の王統譜とが、一致している事実が確認されてからとあります。次の夏も「二里頭遺跡」の発見で、その王宮遺跡が出土した結果、その存在が確認されたと云われています。こうして『史記』の夏や殷にかんする記載が事実の記録と確認されたのは、その首都と王宮などが考古学的に発掘・確認されてからです。

これにたいして、それは〝殷も夏もとっくに滅んだ王朝・国家であって、ヤマト朝廷は一貫し

て存在し、今日に至っている〟という見解もあるかも知れません。しかし、日本古代史でも「神武天皇は実在しない」とか、「最初の天皇は誰か」など、戦後の日本古代史学でも議論されていたのも事実です。すなわち『記・紀』の記載への疑念という問題です。まさにその点で、『史記』の夏・殷王朝記載への疑念と同質の問題でしょう。

しかし日本古代史学の不明確さは、「神武天皇は造作」とか、「どの天皇までは存在しない」等々の議論はあっても、それを考古学的に実証する研究はないという点です。この問題は、『古事記・日本書紀』の記載は、どこまでが史実として信頼できるかという、従来からの日本古代史に横たわる根本問題から生まれるものとおもいます。本来は、これを客観的に解明する基準はなにか、これが明らかにされ、それにたって探究されるべきものとおもいます。

二　氏族社会から国家の仕組みは生まれる

私は、歴史における古代国家存在の確認は、都城・京師・首都、およびそこに一定期間定着した王宮の存在、およびそれの考古学的な確証におくのが基本と考えるものです。これは古代史探究のイロハの問題であって、さきに引用したように、二〇一三年刊の『岩波講座・日本歴史』（第一巻）でさえもが、自ら「都城は政治の中心である……」と明言しているほどです。

したがって都城・京師・首都とそこに定着した王宮の考古学的な確認は、古代史探究の基礎であって、とりわけ『記・紀』自身が天皇四〇代にわたって、〝首都とそこに一定期間、定着した王宮がない〟と、自ら記しているのですから、「政治の中枢の都城」は、人類史のなかでなぜ、またどのように生まれるか、という問題の解明は、『古事記・日本書紀』の記す日本史の真偽、さらには日本古代史解明の上で、もっとも重要な問題では？と考えるものです。

したがって〝都城・京師・首都〟、すなわち「政治の中心」、国家組織とその中枢は、国家組織のない氏族社会から、どんな事情から、どのように生まれるのか、その〝必然性と特徴〟について、世界の研究に学ぶことがまずは、日本古代史探究の第一歩と考えるわけです。

国家・王朝の政治機構の中心である「都城・首都および王宮、または議事堂（民主体制の場合）」は、人類史のなかでどのように生まれるのか、という問題です。

国家のいわゆる「都城・首都」は、人類史の一定の段階で現われることは知られています。人類の歴史では、人は定住生活をおこなう以前は、移動と一定の場所に小集団の住居群を構える生活を組み合わせていたことは、すでに指摘されています。日本本土では縄文時代にあたり、それは主に狩猟と採集経済（栗栽培等も云々されている）にたよっていた段階といわれます。

人間が定住生活に移るのは、農耕・牧畜社会の確立によるといわれます。日本では水田稲作の開始以来と考えられます。この農耕・牧畜社会の確立段階の社会の最初は、どこでも、今日、「氏族社会」とよばれる共通の血縁関係にもとづく社会であったといわれています。

その社会は、とくにその初期は、一人の女性を共通の祖先と考える特質をもっていたといわれます。これを日本人の社会で考えれば戦後否定された、「天照大神」の影がさすのも、あながちに奇異とは言えないわけです。世界のどこの古代国家も、例外なくこの氏族社会段階こそが、最初の出発点といわれています。この段階に「天皇もいかなる王」もいないわけです。

この定住氏族社会の定住の仕方、および血縁の異なる近隣の定住氏族の集落との関係如何という問題こそは、都城を必然的に産みだす根元と指摘されています。

日本古代史学には氏族社会論もその研究もあまりないようです。それは近代日本古代史学が、そもそもは『古事記・日本書紀』絶対主義の、江戸時代の「水戸史学・国学」を直接の母体とする結果、人類史の一環としての日本史の探究という視点が、日本古代史学には最初からないか、きわめて微弱、ないしは「文明開化」的欧米物真似体裁風の面の故と思われます。

イ　氏族社会と定住原始都市

日本以外の世界の国家は、この定住氏族社会の原始都市から誕生するという点を、まずは確認しましょう。「殷の政治組織（国家組織）は、（「殷の」、引用者）部族連合を基礎にしたものであったが、その部族連合はそれぞれ小都市国家をなし、その都市国家がよりあつまって殷の国家組織をつくっていた。殷の内服つまり畿内は、殷固有の都市国家群があつまって、殷の部族が住んでいたが、外服つまり地方（畿外、引用者）には殷の部族もあるが、異民族の都市連合国家があった。」（『世界の歴史1』、（古代文明の発見）、一一八頁。貝塚茂樹氏責任編集、中央公論社、一九八六年）。

ここには殷という古代中國国家が、実際は殷の氏族・部族を基礎とした多くの都市国家群、ならびに殷以外の氏族・部族の都市国家群より構成されていたという点が、語られています。

一々の引用ははぶきますが、殷のあとの周もまた当初は同様であったことが指摘されています。この都市国家の一つひとつは、殷なら殷の、その他ならその他の氏族的・部族的都市国家が単位といわれます。ではその一つひとつの都市国家は、その氏族等によってどのように形づくられていくのか、実に、ここに国家組織の誕生の第一歩の秘密があり、それはその氏族社会の何を基礎に、またどのような仕組みから誕生するのか、これがここでの問題であるわけです。

氏族社会とは先述のとおり、古くはその氏族にかんして、一女性を共通の祖先とする人々の社会として、現れるといわれます。さきに日本では「天照大神」がかかわるといいましたが、実際は、血縁の異なる各氏族には、それぞれに共通の祖先の女性神がいるわけで、最初から「天照大神」一人ではないわけです。この社会の状態は母系制社会といわれる段階です。

例えばモーガンは、ヨーロッパ人が新大陸を発見したころのインディアン社会について、「アメリカ・インディアンの各部族は、大体が女系の子孫による氏族を統合したものであった。」（『アメリカ先住民のすまい』、二九頁、上田篤氏監修、古代社会研究会訳、岩波文庫、一九九〇年、第一刷）と述べ、さらには「ギリシャ、ローマの部族も、はるか昔にはおそらく同様……」と指摘しています。ここにそもそもは日本では「天照大神」ですが、古代ギリシャのアフロデッテやローマのビーナスのはるかな起源があるといわれます。しかし日本では天照大神は、不幸にも「倭国」の弥生時代の伝承をヤマト朝廷が盗作して、自己神聖化の具としたために、戦後は〝虐待〟されていると思います。名誉回復をしてビーナスや、アフロデッテに準じる女神の位置にもどすべきでしょう。

また一氏族の人数は、その部族の盛衰によって変異があるとしつつ、部族数三〇〇〇人のセネカ部族が、一氏族あたり平均で三七五人、一万五〇〇〇人いたオジブア部族が、平均六五〇人、チェロキー部族が一氏族あたり一〇〇〇人以上と推測される。」（前掲書、三〇頁）とあります。そうしてこの氏族・部族は、「ギリシャやラテン諸族にあっては、文明時代にはいっても十分な活力をもっていたことが分かっている。」（同頁）と述べられています。

さらに重視すべきものが「胞族」と日本語に訳されている、氏族の分割した血族組織です。この「胞族」は一氏族の内部に四つか五つ含まれており、この場合、その氏族内ではその胞族同士を「兄弟」と呼び、同一氏族の他の氏族の「胞族」は従兄弟とされる、とあります。そうして同一胞族のなかでは結婚は許されていなかったが、従兄弟氏族との間では結婚ができた、とあります。

同時に氏族社会時代、その構成員の一人ひとりの実際の生活が営まれたところは、この胞族組織内であって、氏族の競技はこの胞族が単位となり、また裁判も、胞族会議で相互の胞族が合意を形成するという形式であるとされています。葬儀もまた胞族が単位となったとされています。氏族社会において、胞族は統治機能は備えていなかったが、日常的行政権限や社会的事務機能を備え、胞族に属する宗教的機能をも掌ったとあります。

ロ　原始都市形成の必然性（マルクスの指摘）

こうした定住的氏族社会は、必然的に〝原始都市〟を形成する点が、都城・首都問題を考えるうえで重要な点です。それは人間が定住生活をする前提に、その必然性が横たわるのです。

定住生活の前提は農業の開始であり、ヨーロッパ等では牧畜もあわせもっています。ところで、「氏族社会的共同団体（定住氏族社会）が出会う困難（土地の占有権の確保）は、他の共同団体（定住段階の他の氏族社会の団体）からのみおこるのである。すなわち、他の共同団体が土地をすでに占拠しているか、でなければ占拠している共同体をおびやかすのである。

だから戦争は、それが生存の客観的諸条件を占取するためであろうと、その占取を維持し、永久化するためであろうと、必要にして重大な全体的任務である。だから家族からなる共同団体（氏族）は、さしあたって軍事的に編成される――軍政および兵制として――そうして、それが共同体が所有者として生存する条件の一つである。住所が都市に集合するのが、この軍事組織の基礎である。」（マルクス著、『資本主義的生産に先行する諸形態』、一三頁、一八五八年執筆、寺島正毅氏訳、大月書房、一九七一年、第一〇刷。傍線は引用者）。

きわめて重大でかつ正確な指摘であって、しかも日本古代史を探究する者ならば、必ず読みその正しさを確認すべき内容とおもいます。このマルクスの指摘は、読んで字のごとく、ある氏族・部族の土地・農地の占有権を脅かすものは他の同じく定住段階の氏族・部族だ、という指摘です。しかも、これが氏族社会時代の人類にとって、普遍的真理だと述べているわけです。

このマルクスの指摘と日本古代史との関係は、これが『記・紀』の有名な「天下り神話」解明のカギ、となっている点にもあると私はおもうのです。

これは約三〇〇〇年前、日本が小氷河期の影響下におかれて、わが国の水田稲作が数百年間、北九州・九州に閉じ込められる（中村純高知大学名誉教授（花粉分析学）著、「花粉から分かる稲作の苦闘」『科学朝日・四一巻六号』、一九八一年）結果となり、北九州の水田稲作の適地の占有権をめぐって出雲族と、あらたな渡来集団の「アマ氏族」（海人族）との争奪戦となったという、弥生時代初期の日本古代史上、重要な意味をもつ史実の伝承であって、その適地の「豊葦原《とよあしはら》の千秋長五百秋《ちあきのながいほあき》の水穂国」（『古事記』）。『日本書紀』は〝瑞穂〟）の所在地は、当然、北九州です。この地理的位置の科学的解明は、古田武彦氏著の『盗まれた神話』（現在、ミネルヴァ書房刊）で見事に達成されています。

古田武彦氏の『盗まれた神話』の「盗まれた」の意は、『記・紀』の「日本神話」とは、本来、「倭国の伝承」、すなわち弥生時代の九州～日本海側の歴史の神話形式の伝承を、後代のヤマト朝廷の始祖らが、自己正当化・神聖化の目的で「盗んだ」という意であり、古田氏の正論は、従来の「水戸史学・国学」、およびその史観を継承する戦後日本古代史学（大学の日本古代史学部等）への、痛烈な批判となっているわけです。

ところが後述するようにアメリカ政府が、戦後、〝天皇制の引き続きの利用を選択〟しつつも、天皇の神格化に反対し、戦前、『古事記・日本書紀批判』と称して「日本神話造作論」をかかげた、津田左右吉氏の所謂「記・紀批判史学」を、日本人再教育の具として選択した結果、本来、徹底的に批判的に検証されるべき「ヤマト朝廷」一元史観は擁護され、その代わりに『記・紀』に盗作された、弥生時代の「倭人」の神話形式の伝承＝〝弥生史の一端〟に罪が押しつけられ、民族の偉大な歴史と文化が辱められ踏みにじられたわけです。これは日本人およびその歴史と文化の恥とおもいます。

なかでも平然と偉大な民族文化を踏みにじりながら、「ヤマト朝廷一元史と史観」の合理化にいそしむ戦後の日本古代史学の学者のすがたに、心からの驚きを禁じ得ません。なお、このマルクスの氏族社会の農耕牧畜の定住地の確保という不可避的なあり方が、戦争を常態化するという指摘は、すでに世界ではとっくに確認されている点は、後述します。

ハ　「日本古代史」〝弥生時代と戦争論〟の奇妙

わが日本では、やっと今ごろ、きわめて不十分ながらとり上げられている例があります。例えば『東京新聞』（二〇一九・七・二七）の「論説員が聞く、〝人はなぜ戦うのか〟」です。ここでは国立歴史民俗博物館教授・松木武彦氏が、弥生時代の環濠集落をあげて、「世界的に農耕が始まると、人は戦い始めます。定住することで水や土地などの不動産が生まれ」云々等と、「弥生時代」の環濠集落と戦争が一言語られ、あとは古墳時代のヤマト朝廷の話になっています。もっともこの記事は、『東京新聞』の「論説委員」の質問に答える形式ですので、「論説委員」の日本古代史認識が基調をなしている面もあって、〝鉄を奈良盆地の大王が中心に入手しようとして、朝鮮半島に軍事力を派遣した〟という話などになっています。

この記事の最大の問題点は、本書の立場からは「弥生時代、戦争の時代」を語りながらも、弥生時代の特質、防衛的弥生都市の出現という、肝心要の問題がほんの一語程度に終わっている点です。弥生時代を特徴づける言葉は、日本古代史学でも「環濠集落」です。つまりその特徴は、如何なる不意の敵襲にも濠や木柵で備えをした、原始的都市の形成・出現です。

現に『日本書紀』神武紀には、戦前から日本古代史がまったく取り上げない、非常に興味深く意義ある記事があります。それは「……遂に邑《むら》に君有り、村《ふれ》に長《ひとごのかみ》有りて、各自《かくじ》彊《さかい》を分かちて、用《も》て相凌ぎきしろはしむ。」（一八八頁。傍線は引用者）です。意味は、各環濠集落が相互にあい攻め闘っているという厳しい姿だ、ということです。弥生時代の九州等の厳しい現実を指摘した一節です。

同時に、この一節はこうした弥生時代の現実を記録した文献があったことを、今日に伝える残骸の一片とおもわれます。

そうしてこれこそが農耕・牧畜と定住を開始した人類の普遍的な姿なのです。ここに「都城」とよばれる、防衛施設や物見やぐらを備えた古代の都市形成の背景があるのです。このもっとも重要な問題が「論説委員」の質問にも、答弁者の先生のどこにもないという姿に、「ヤマト朝廷一元史観」が骨の髄までしみこんだ、日本の姿があると思うのです。

こうした姿では、「神武から天武天皇にいたる四〇代の天皇には都城・京師・首都がない。」と聞いても〝ピンとこない〟としても、無理からぬことになるわけです。しかし王朝・国家の形成、日本古代史式には〝天皇への道〟は、幾多の「弥生の環濠集落征服」の結果というべきでしょう。となれば自身もまた、厳重な防衛施設を備えた弥生集落の住人でなければならない、ということです。

すなわち都城とよばれる、環濠集落防衛の厳重な施設をそなえた都市に住み、そこを根拠に征服した他の集落を支配する、これが〝国家形成への道〟、日本式に云えば「天皇への道」です。

したがって都城とよばれる防衛施設で厳重に守られたなかに、さらに宮殿をもつ姿が〝国家・

王朝の姿〟なのです。この基本的な立場にたてば「神武から天武天皇」の間、〝都城もそこに定着した王宮もない〟という意味は、人類の定住生活、これに完全に照応している弥生時代の環濠集落出現の現実に照らせば、〝この間、ヤマト朝廷は、実は王朝ではなかった〟という自己告白同然のことである、ということになるわけです（なお七五頁参照）。

もし戦国時代に〝城はないが立派な墓はある〟という殿様がいたとしたら、世の人々はそれをなんというでしょうか。〝都城・京師・首都はないが、〝巨大古墳をつくった〟と、日本古代史の諸先生がいわれる、「古代ヤマト朝廷」も同様と思います。あとで例証しますが、古墳時代、ヤマト朝廷が「軍隊を派遣した」と学者諸氏がいう朝鮮諸国には、当時のヤマト朝廷にはない、都城・京師・首都が確立されています。しかも『三国史記』等の古代朝鮮史料は、侵略者を「倭・倭人」と記しています。はたして「倭・倭人」と呼ばれているものは、古代ヤマト朝廷でしょうか、この探究も都城・京師・首都問題を中心において考えていきます。

一番重要な問題、すなわち古代琉球をふくめて、日本本土以外の全世界の古代国家・王朝では、例外なく強大な防衛施設を伴う都城・京師・首都が形成されている、その必然性が解明されているのですが、古代ヤマト朝廷だけは、歴代天皇四〇代にわたって、都城・京師がない、首都がないと、ヤマト朝廷の正史が記していても、これが不審とされないわけです。この点、まさに「万邦無比」であって、しかもその治世一代ごとに限られる宮（日本古代史学ではミヤコと読む）さえもが、系統的にはまったく考古学的に発見されていないのです。

これは例えて言えば人間、人種の如何をとわず、みな臍がありますが、ヤマト朝廷だけはそれがないというような問題です。つまり国家形成の肝心要のものが、『古事記・日本書紀』で「ありません」と明言されているのです。しかも戦前戦後の日本古代史学は、この天皇四〇代にわたっての、「首都・京師」の欠落問題に目をつぶっているのです。

この問題で、とくに重視すべきはマルクス・エンゲルス及びモーガンの研究と、結果的にこれを肯定する諸国・諸民族の古代国家形成の研究です。ただし、日本古代史にかかわる日本のマルクス主義を云々する学者諸氏には、それがさっぱりなく、江戸期の近世尊皇家の「天皇古墳探し」(蒲生君平)等と、明治期の政府肝いりの「古墳整備」の結果の「前方後円墳・ヤマト朝廷論」の片棒を担ぎ、さては国際的に批判・否定された、主観主義的考古学の「三角縁神獣鏡・魏鏡説」には、いそいそと馳せ参じるなど、おおよそマルクスならびに世界の科学的考古学・歴史学との共通性は、微塵も見えません。「生産力」論をいうのですが、その結果の定住社会体制の出現と、その特質、都城の形成の必然性を無視しては、マルクス等の名さえお経のように口にしていれば、都城論はいらないというわけにはいかない、と考えるものです。

また「巨大前方後円墳・ヤマト朝廷造営論」ですが、これとてもそもそも京師・首都、およびそこに一定期間定着した王宮の一つも作れないものが、どうしてピラミッドに匹敵する古墳をつくれるのか、ぜひ、納得のいく御説明をお願いしたいところです。

三　出雲大社、第一位の神は「筑紫社」

「『日本神話』は造作の説話だ」、これが津田左右吉氏のいわゆる「記・紀批判」史学です。しかし出雲大社の神々の社の配置は、非常に興味深いものと考えます。何故ならば出雲大社が、自分の神々の社を建造するのに、なんの根拠もなく神々の配置をするとは考えられないからです。

第八二代「国造」の宮司・千家尊統氏著の『出雲大社』（学生社、二〇〇二年、第二版六刷）によれば、「出雲大社の古記録、たとえば宝治二年（一二四八）造営時の『杵築大社御日記目録』をみると」――神々の配置――つまりは、「三摂社の順序は筑紫社、御向社、雨崎社（今日言う天前社）となっており、元禄の頃の大社上官佐草自清の『自清公随筆』にも筑紫社、御向社、天前社となっている。こうして御本殿にむかって左、大社でいえば西方の筑紫社が、常に第一位に置かれているのである。

社殿の基礎工事や建築を見ても、筑紫社のそれは他の二社のそれと異なり、一段と丁重である……。」（同書、一三五頁）とあって、「御神座は西向きである。したがって普通の参拝者は神様を側面から拝んでいるのである。」（同書、一五八頁）とあります。

さらには「御神座の東向きになるのを避けて、どうして西向きであるようにしつらえたのか。それは出雲族と西方九州方面との関係を考えなければならないだろう。御祭神と海との関係、むすびつきを見なければならないとおもう。」（同書、一六〇頁）とされて終っています。

千家尊統氏の出雲大社の最高神は筑紫社、出雲大社の神は「西向き」の理由を、合理的に説明し得るものは、「天下り神話」でしょう。

この「神話」、すなわち出雲族が占有していた北九州の水田稲作の適地を、アマ氏族が奪いとったという伝承は、実に弥生時代に「小氷河期」が訪れ、水田稲作が九州に閉じ込められたという中村純博士の花粉分析学からの研究と、マルクスの先の指摘をあわせれば、きわめて自然に説明できるものであって、古代出雲族が水田稲作の適地を追われ、この地に執着する心情は、多少でも稲作への理解がある人ならば、理解できるのではありませんか。

この神話を「偽造の説話」と称した津田左右吉氏の、いわゆる「記紀批判」史学に追従し、これを〝真に科学的歴史学〟などと称してきた、戦後の「皇国史観批判史学」、ならびにそれに追従した日本古代史学の「マルクス主義派」が、まったく間違っていたことは明白と思います。

こうして日本には〝マルクスを否定する〟、とんだ「マルクス主義の日本古代史学者」が闊歩していることも判明するのです。もちろんこのアマ氏族の、北九州の水田稲作の適地の出雲族からの強奪という伝承は、実は古代卑弥呼の国家・「倭国」の伝承であって、『古事記・日本書紀』

神話は、弥生時代以来の倭国文化をヤマト朝廷の始祖らが、自己の正当化・権威づけの目的で盗作したものという、古田武彦氏の指摘の正当性をしめすものと思います。

ここにたてば、真に批判されるべきは「神話」やその内容ではなく、後述するようにその出典を伏せ、その内容を歪めて「盗作」したものたちと、それを正しく見抜けなかったものたちです。この古田武彦氏の指摘の正当性は、日本古代史を正しく考えるには、「弥生史」「弥生社会」「弥生文化」を正しく念頭に置かなければならないという、歴史論にたてばきわめて当り前の、しかしこれまでまったくと言っていいほど、無視されてきた問題の前に立つことになる、ということです。

四　マルクスについでモーガン

さて、ここではさらにマルクスのさきの引用部分の普遍的性格を、モーガンの一八八一年の『アメリカ先住民のすまい』で確かめます。「トラスカラのブエプロ（スペイン語、集落＝原始的都市）の四地区に住んでいたトラスカラの部族の四つの『血統』は、たぶん非常に多くの胞族（婚姻可能な同一血族）からなりたっていたと思われる。彼らは、四部族として十分な人数であったが、同一のブエプロに住み、同一の方言を使っていたので、胞族組織が必要であったことは明らかである。各血統、すなわち、いわば各胞族は、独自の軍事組織をもっていた。つまり、特有の服装や旗、軍総司令官の役割をはたす将軍を有していた。

胞族や部族による軍事組織は、ホメイロス時代のギリシャ人に知られていた。たとえば、ネストルはアガメムノンに、『軍隊を胞族や氏族にわけよ。そうすれば、胞族は胞族を、氏族は氏族を援護できる。』（『イリヤス』、第二巻、三六二頁。〝原注〟）と忠告している。もっとも発展した型の氏族制度のもとでは、血族の原理が、かなりの程度に軍事組織の基礎をなしている。

アステカ部族も同じやり方でメキシコのプエブロ（アステカ）を、四つの明確な区画に分けて住んでいた……」（同書、三八頁。傍線は引用者）。御覧のとおり、メキシコのアステカにおいて、モーガンはマルクスの指摘と同様の氏族的原始都市の、血縁構造とそれの軍事的性格を指摘しています。

同時に、ここで指摘・強調しておきたい点は、「アステカの氏族の定住地の血縁構造が「四氏族制」、したがってその都市構造が「四地区制」を原理とするという点の指摘です。この氏族社会の原始都市の構造が、「四地区制」という指摘は、エンゲルスの以下の指摘以外にも、日本本土を除き、ひろく世界でみられるのです。

ここに、実に古代国家が最初から「都城・首都」と、それと一体的に王宮や、その社会が民主制を採用すれば議事堂を備えているという、原理・原則がうまれる必然性があるのであって、「都城・首都を欠く王朝」など断じてあり得ないという根拠が、ここにあるのです。具体的に見ていきましょう。

まずはエンゲルスの指摘です。「征服当時（スペイン人のアステカ征服）、トラスカラ（メキシコ）の四地区に住んでいた、四つのライニッジ（血縁団体）が、四つの胞族であったとすれば――このことはほとんど確実なことだが――これでもって胞族が、ギリシャ人の胞族やドイツ人（ゲルマン民族。引用者）の類似の血縁団体と同じく、軍事的単位と見なされていたことが証明されたことになる。これらの四つの血縁団体は、各自それぞれ別個の部隊として、独自の制服と軍旗をもって、各自の指揮官にひきいられて戦闘におもむいた。」（エンゲルス著、『家族・私有財産・国家の起源』、一四六頁。土屋保男氏訳、新日本出版社、一九九四年、第二版。傍線は引用者）。

さらには古代アテネの都市国家形成をめぐって、「クレイステネスは、その新制度（アテネの都市国家形成をめざす）において、氏族と胞族に基礎をおく四つの部族を無視した。それにかわってナウクラリアで試されていたところの、単なる定住地による市民の区分をもとにした。」（エンゲルス、前掲書、一八九頁、傍線は引用者）。さて先に進むにあたって、通説はマルクスやモーガン等の見解は〝古臭い〟かにいう傾向がありますが、氏族社会の血縁構造にかんしては、このあとで引用するとおり、マルクス等よりはるかに古く、また最近も、同様の指摘が新たにだされている など、この点に関するマルクス・モーガンの研究の正当性は、うごかないという点を強調しておきます。

マルクス等よりはるかに古く、この氏族社会の定住地が「四つの氏族的血縁集団に区分され、それが四つの地区を形成する」ことを述べているのが、古代インドの『ダルマ・スートラ』です。「四種姓の権利、義務、生活法などを規定した『ダルマ・スートラ』には、この頃の実情をうかがわせる貴重な記述がある。」（佐藤圭四郎氏著、『世界の歴史六・古代インド』、一三〇頁、河出書房、一九八九年、初版）。

つぎはインカと古代中國です。まずインカのクスコです。ここに述べるのは、マリア・ロストウオロフスキ女史著の『インカ国家の形成と崩壊』（増田義郎氏訳、東洋書林、二〇〇三年、初版）。この著書の原文題名は「Historia del Tahuantinsuyu」です。この著には「序文」につづいて「おことわり」とあって、そこに女史は、「統一にたいする原住民の願望は、タワンティンスーユという言葉のうちに表現されている。これは〃一つに統合されている四つの地方〃を意味しており、統合への意図ないしは衝動が、おそらくは無意識にあらわしている。」とされています。

ロストウオロフスキ女史の「〃一つに統合されている四つの地方〃」、つまりは「タワンティンスーユ」論は、インカの都市クスコが、氏族社会の原始都市であったことを物語るものです。なぜインカを「原始」社会と呼ぶかといえば、インカをはじめ中南米のインディアン系の古代社会には、生産用具としての鉄などの金属器がないばかりではなく、白人渡来以前には農耕に使役できる牛・

馬がそもそもなく、車も玩具以外にはないという段階ですから、奴隷を使役して大規模農耕を行なえる条件がない社会であったわけです。

最後が古代中国の例です。「陝西省臨潼県《りんとうけん》姜塞《きょうさい》遺跡（紀元前四五〇〇年頃）では、環濠集落がほぼ完全に発掘調査されており……中略……、姜塞遺跡中期ごろになると、一集団がさらに半族として分かれていくことになり、結局四つの集団が出現していくことになる。大型住宅を核として集団が同心円状に求心的な配列を示している。

民族的例では四集団によって外婚規制による安定した双分社会が存在することからみれば、この四集団が基礎となり、安定した双分制による平等な部族社会が構成されていたと考えるべきであろう。」（宮本一夫氏著、『中國の歴史01、神話から歴史へ』、一一八頁、講談社、二〇〇五年、傍線は引用者）。

以上ですがマルクス、モーガンによる定住氏族社会の定住形式の血縁的原理の指摘、すなわち原始都市の「四区分・四地区制」という血縁関係による区分構造にかんしては、マルクス、モーガン以降も、マルクス主義云々とは無関係な人々等によっても指摘されているわけです。つまり、これは氏族社会の定住の仕方の人類的普遍性の指摘です。

五　定住氏族社会（原始都市）の運営

ここで述べることは、定住氏族社会の生活の全面的考察ではありません。あくまで都市国家とよばれる仕組みが、すなわち王宮やその国家が民主体制ならば議事堂が、先ほども指摘した「平等な部族社会」のなかにどのように形成されるかという問題を、しかもこれを都城・京師の誕生という面から考えようということです。定住氏族社会の生活全般は、優に本一冊におよぶ問題ですが、ここではそれではなく、定住氏族社会の運営の特質と、それが国家とよばれる組織をどう生み出すかという問題に視点を置くわけです。

定住氏族社会の生活一般にかかわる諸問題は、各成員がそこに所属する氏族のもとで、氏族会議の議決を経て決定されたと言われます。この氏族会議こそは、定住氏族社会の生活・運営の基礎であって、この会議には成年に達した男女は誰でも出席し、男女の差なく発言し、採決に加わり、氏族の生活にかかわる諸問題のすべてが、必要とあれば審議され、決定されたと言われます。しかもここでは酋長等への批判や反対意見も、忌憚なく述べられ、とくに女性の発言力は大きく、酋長を罷免（角を取る）、または選任（角を与える）する大きな力だったとモーガンは述べています。モーガンはこのインディアンの社会を、「完全に民主的社会」と評しています。

また採決にあたっては多数決制は存在せず、全員一致制のみといわれます。これは氏族社会には財産・身分に差がなく、中食は男性は男性だけ、女性は子どもたちとともに一緒にするなど、また住宅はロングハウス（原始時代の長屋式）等の共同住宅であって、貧富の差がなく、耕地は氏族から一人ひとり平等に分配され、氏族の運営や宗教・葬儀などの共同の費用は、定められた共同の土地を、各自、平等に耕作するのであって、ここには身分的差異も財産上の差異もなく平等と友愛は、この社会の自然な特質と指摘されています。

そうして氏族会議では、酋長をはじめその輔佐、また軍事酋長なども選出されたといわれます。この社会を知る白人が一様に語るのは、インディアン個人の自然に備わった人格的尊厳です。したがって原始的都市全体では、氏族選出の酋長が氏族の数だけ存在し、その原始的都市の代表者としての全体的な酋長、軍事酋長の選出も、その都市の全体会議で行なわれたといわれます。要するに氏族社会の運営は、徹底的に民主主義的であったということです。

六　部族連合体の会議所から王宮へ

問題は、氏族会議で選出された酋長たちは、その氏族から託された仕事を遂行する義務がありますが、その原始都市の初期のころは比較的のんびりとしていたと指摘されていますが、年代が下がるにしたがい、その地方全域での血縁の異なる氏族相互の原始都市の拡大、新都市の誕生などで後述するとおり、戦争が頻発し酋長等の業務は格別に多忙となったといわれます。そうしてこの時代には、複数の氏族から成り立つ部族と部族酋長会議のみならず、他部族との抗争などで同じ血族の「部族連合体」が形成され、これは主に戦争にかかわる対策・方針を確立・推進する機関と指摘されています。

そもそも氏族、部族と部族連合体との違いは、部族は氏族の拡大によって、部族連合体は部族の拡大によって形成されるのが、いわば原理であります。その部族が拡大し、その居住地を新たに広げる、すなわち新しい原始都市の誕生と、その個々の同一血族の部族・原始都市が連合するということが土台ですが、部族連合体の確立・発展の背後には異なる言語、ないしは方言に示される異種氏族との抗争が根底に横たわるのです。

ここで詳細な説明の余裕はありませんが、定住氏族社会の苦痛は、こうした異種氏族・部族間の戦争・抗争であって、モーガンの指摘によれば、中南米の原始都市を形成したインデアン（インカ、マヤ、アステカ）の場合、戦争捕虜は全員生贄とされたとあります。北アメリカの「草原インディアン」の場合は、捕虜はなにかの特技等によって「養子縁組」されない限り、全員、焼殺と指摘されています。

エンゲルスは『家族・私有財産・国家の起源』と記憶しますが、氏族社会時代、捕虜は全員殺され、奴隷制確立以後は奴隷にされたが、少なくとも殺されることを免れたという趣旨のことを述べていますが、その通りでしょう。

こうした他氏族・部族とのたえまない抗争は、定住氏族社会時代の発展の特質であって、男子は全員、生まれながらの戦士であったわけです。こうして部族連合会議が大きな役割をはたす時代がおとずれるのです。この「部族連合会議」の主な任務は、部族の防衛及び戦争の是非、さらには必要とあれば他部族との交渉、すなわち外交問題をあつかうこともあったといわれます。

それをモーガンの『アメリカ先住民のすまい』でみますと、各種の一世代酋長、軍事酋長等は、戦争等の業務がふえ、ついに自分に割り当てられた各自平等な耕地さえも耕作できなくなり、有料の「代替耕作人」（小作人的）に依頼して耕作してもらい、自分らは中心的原始都市におかれた部族連合体等の共同事務所（テクパン）に詰めることとなったとあります。

「建物はテクパンと呼ばれた。族長会議（部族連合会議の世襲酋長、普通酋長、軍事酋長等で構成）は、政治機能として最高の権限があったため、それは文字通りの会議所であった。ブエプロ（中心的な原始都市）のほぼ中央に建てられ、公の儀式を行なうために定められた広場に面していた。……中略……族長会議は初めのうちはときどき開けば十分であったが、次第に定期的に行なわれるようになり、さらにはテクパンに日参しなければならないほどになり、そのためにそこに首長が恒常的に住むようになり、それが会議所の役割のひとつとなった。」（『アメリカ先住民のすまい』、一六四頁)。

こうして定住氏族社会の中心的原始都市の会議所が、部族連合体の「首長が生活する場」に変化したという事実は、王朝・国家・政府の誕生への接近でしょう。このテクパンには、そこでの公的活動を支えるための費用をまかなうための公有地が設けられ、氏族員の公平な分担労働で支えられる仕組みが組み込まれているのです。この仕組みは日本の古代にもあったと考えられます。

七　古代中国でも発見

このテクパンと似た機能をもつ建物が中国でも発見されています。約五〇〇〇年前のものです。甘粛省秦安県の大地湾遺跡です。「総面積四二〇平方メートルで、主室、左右の側室、後室、前門の附属建物の四つの分部に分かれている。主室は中央に位置し、その正面入り口は南向きで、主室の形は長方形を呈し、面積は一三〇平方メートル……主室の東西それぞれの辺に側室に通じる入り口があり、北側には後室があって、建物の周囲は黄土で版築した土壁が断片的に残っていた……(中略)……(この建物は)氏族あるいは部族が連盟して公的な活動を行なう場所であろうと認識されている。」(費孝通氏編修、『中華民族の多元一体構造』、一九二頁、(西沢治彦氏、塚田誠之氏、曽士才氏、菊池秀明氏、吉開将人氏共訳、風響社、二〇〇八年)。

イ　中国・夏王朝の成立と部族連合体

以上、国家形成前夜の部族連合体には、その中心的原始都市に部族連合体の共同の会議所が設けられて、そこに連合体の酋長なり軍事酋長が日常的に生活しつつ、連合体の責任者の役割をはたす体制が常態化すれば、それはまさに国家体制・王朝制の確立と紙一重の状況といえましょう。

国家・王朝組織・王宮の最初の成立とは、まさにこうであったといえる一つの例が、古代中国最初の王朝・夏の次の例です。「文献によると、中国の第一の王朝は夏王朝である。禹は部族連合の盟主になってから皋陶《こうとう》を後継者にした。ところが禹より皋陶が先に亡くなった。そこで、部族連盟の軍事酋長である益が後継者とされた。禹の死後、禹の息子の啓及びその親族は部族連盟の盟主の地位を占めつづけようとして、一部の部族酋長の支持を得て、益を殺し、啓が最高首長になった。そうして啓は連盟の各部族の首長を集めて、鈞台というところで、盛大な祭祀儀式を行なったという。啓が禹につづいて、部族連盟の最高首長になったことは、それまでつづけられてきた部族連盟の盟主を、同じ家系が占めるという世襲制度の確立を意味した。そこで部族連盟が変質し、原始社会は崩壊した。」（『中國からみた邪馬台国と倭政権』、四頁。王巍氏著、雄山閣出版、一九九三年）。

このように見てきますと国家の誕生は、部族連合～連盟時代を直接の背景とし、その代表的氏族・部族の原始都市の会議所を舞台として、さらには部族連合体の酋長等による連合体酋長の選挙による選出、その連合体の合議制を打破、変質させるなどして、王制が確立されるという発展類型が浮びあがり、国家・王朝制の誕生の場としては、部族連合体の代表的原始都市の会議場＝首長の事務所・住所が基礎となるということが解明されています。この姿こそが最初に述べた夏・殷等の古代国家の姿であって、したがって〝首都と王宮のない王朝・国家〟などは、歴史論としてはそもそも問題外のことと言わねばならないと思います。

実にここに〝都城・王宮がない〟と『古事記・日本書紀』が記す、七世紀以前の「ヤマト朝廷」は、〝真の日本史に存在しない天皇である〟という点が浮かび上がってくるのです。

ロ　姓がない？　ヤマト朝廷の奇妙

人類は、その人種の如何を問わず、氏族・部族時代という、長大な時代を経ているわけです。とすると「ヤマト朝廷」には「姓がない」にもかかわらず、「日本の最初からの王朝」という説は、人間の国家が氏族・部族社会から生まれるという、人類の歴史的普遍性とは相矛盾するとおもうのです。それが自称であれ他称であれ、氏族・部族には名があるはずです。

そうして当時、人間存在の絶対的場所は、生まれながらにそこに所属する氏族・部族であって、したがって人は誰でも、氏族名部族名と、そのなかの胞族名および個人名をもっていたとおもわれます。

今日、残存している氏族、あるいは部族名の一つは「アメ」でしょう。この「アメ」は今日では「天」が当てられていますが、本来は「アマ」＝海人がその本来の意味と名称でしょう。今では、その数が激減しているとおもわれますが、海に潜ってアワビなどを採る女性を「アマ」と呼んでいますが、あれです。日本に水田稲作をもたらした人々、すなわち日本人の祖先は、「海人」です。断じて〝朝鮮半島から渡来した〟のではなく、「海人族」として海・船とのかかわりを基本としつつ、大陸に展開していた人々から、生まれたというのが正論でしょう。

したがってもしヤマト朝廷が、「日本最古、唯一の王朝」というのであれば、当然、その氏族・部族名を誇らかに掲げていなければならないはずです。そこに属することで生存が保障され、それどころか幾多の試練を乗り切って、一国家の頂点にまで上りつめた古代以来の輝く家柄・氏族・部族の、しかも世襲酋長などの家柄・血筋、いやいや世襲酋長の家系というのであれば、なおさら氏族・部族名がないとか、忘れたとかは考えられないわけです。

しかし、現実にはヤマト朝廷・天皇家には姓がないのです。これは世界に例がないことではありませんか。

『宋史』日本伝（元、脱脱一三一四〜一三五五）によれば、雍熙元年（九八四年）「日本国の僧奝然（ちょうねん。東大寺の僧という）、その徒、六人と海に浮かんで至り、銅器十余事ならびに本国の『職員令』・

『王年代紀』各一巻を献ず。」とあって、その記事に「国王は王を以て姓となし……」とあります。ここにも都城・首都なしの七世紀以前のヤマト朝廷の存在への疑念と照応する、不可解があるのです。

八　国家の形成と「都城」の必然性……「戦争は個人の自由」

都城、これは七世紀以前のヤマト朝廷にはありません。全世界の古代国家がそなえるこの都城・京師がないという、七世紀以前のヤマト朝廷および『古事記・日本書紀』の記述は、国家・王朝の存在への根本的疑念をよびおこすものであって、これは、『記・紀』を絶対と主張する近世〜現代「尊皇」日本史論の真偽を決するうえで、大きな問題とおもいます。

人類が定住氏族社会から国家組織を形成するに際して、都城と呼ばれる特殊な都市防衛機能・施設をうみだす点、日本以外では、その必然性が氏族社会の次の普遍的特質に由来すると指摘されているからです。

それは「戦争は個人の自由」という習性です。これは日本をのぞいて普遍的なものとして、指摘されています。まずはモーガンの指摘です。インディアンの世界では、「軍事行動は、おおむね志願制度に委ねられていた。理論上では、各種族は平和条約を結んでいない他のあらゆる種族と戦っていた。誰でも自由に戦闘部隊を組織し、好きなところに遠征することができた。戦踊を催し、志願兵を募集し、その目的を布告した。（傍線は引用者）。この方法は、その計画に対する人気の実際の試金石であった。もし彼が、彼の舞踏に参加したような人々からなる一隊を、首尾よく編成し得たならば、彼らは情熱が高潮にたっした間にすぐさま出征した。一種族が攻撃をもって脅かされた時も、ほとんどこれと同じ仕方で、これに応ずべき戦闘部隊が作られた。かくて募られた兵員が一隊に結束された場合、各人はそれ自身の戦隊長の配下におかれ……」（『古代社会・上巻』、一四一頁。荒畑寒村氏訳、角川文庫、一九六六年、第五版）とあります。西部劇のインディアンの出陣の踊です。

古代中国では「鼓舞」が有名です。出陣の前の踊りです。日本では「勇気を鼓舞する。」というように使われています。このモーガンの記述をエンゲルスは、『家族・私有財産・国家の起源』で引用確認（同書、一五〇頁）しつつ、さらに次のように述べています。「一つの制度が王権の台頭をうながした。従士団がこれである。われわれはすでにアメリカの銅色人（インディアン）について述べたところで、氏族制度とならんで、自力で戦争をするための私的な団体がどのように形成されたかを見た。これらの私的団体が、ドイツ人（ゲルマン民族）のもとですでに恒常的な団体になっていた。名声をかちえた軍事指導者は、略奪欲にもえる一群の若者を自分のまわりに集め、若者たちは彼に、また彼は若者たちに、個人的誠実の義務を負った。

指揮者は若者たちを給養し、賜り物を与え、位階性にしたがって彼らを編成した。それは、小規模な出征のさいの親衛隊、兼、戦闘力ある部隊であり、大規模な出征の際の練達した将校団であった。これらの従士団がどんなに弱体だったに違いないにせよ、またのちにたとえばイタリアのオドアケルの場合、どんなにその弱体さが現れているにせよ、それでも従士団はすでに古い人民の自由の崩壊の萌芽をなしており、民族大移動中（ゲルマン民族の大移動）とその後に、そうした萌芽たることを実証した。というのは、第一に、それらは王の権力の台頭を促した。第二に……略しますが、この従士団は奪略・戦争によってのみ生き続ける組織であって、結局、悪名高い「ドイツ傭兵のもととなった。」（前掲書、二三八頁。傍線は引用者）と指摘しています。結局は、ローマ滅亡以後のヨーロッパ中世の、王権と貴族はこの制度を背景に誕生したのでしょう。

さらにエンゲルスは、「新たな築城工事を施した都市のまわりの威嚇的な囲壁は、云われなく屹立しているわけではない。囲壁の濠には氏族制度の墓穴が口をあけ、囲壁のやぐらはすでに文明時代にはいって、そのなかに聳えているのである。……中略……最後に……世襲王権と世襲紀貴族の基礎が築かれる。」（前掲書、二六八頁。傍線は引用者）と指摘をしています。

すなわち氏族社会、とくにその末期は戦争の時代であって、各部族・その連合体は、自己の原始都市を城壁や物見やぐらでかため、いかなる不意の敵襲にも備えた都市を構築したのです。旧大陸ではこの城壁や物見やぐら等で囲われた宮城が一般的です。国家・王朝は、まさにここに成立するのであって、都城・首都のない王朝などは本来、あり得ないと考えるものです。

この「私的な遠征隊」は、遠征に際して略奪や狩りで自給自足しつつ、かつは西部劇の入植者らのように女性・子ども同伴の場合があって、日本でこれに該当するものを云えば「神武の東征」（実際は東進）等、後述する北九州・九州から水田稲作の適地をもとめて、近畿地方等に東進した人々と考えます。同時に、これらの氏族社会から国家への、人類社会発展の道筋の合理的説明をみれば、天皇四〇代にわたって首都・京師がないと自ら記す、『古事記・日本書紀』の「日本史」に疑問を感じるのは当然でしょう。

九　日本、弥生時代と環濠集落

しかもこの点、さきにも述べたとおり、わが国でも弥生時代の集落は環濠集落であって、ほられた濠と吉野ケ里遺跡では、集落には木柵がめぐらされています。この姿は、大陸が石やレンガ、また土の壁であるのに対して、木や濠であるなど違いはありますが、その本質は不意の敵襲に不断にそなえた構造という点で、大陸の都城と本質的に同じと見るべきです。ここにわが日本民族も新旧大陸の氏族社会時代と共通の、社会構造の時代があったことが示されているというべきです。したがって通説の次の指摘は、日本民族が世界の国々同様に、定住氏族社会を経過した事実を一方では反映し、同時に「日本古代史学」としては、定住氏族社会から都市国家形成へという、「古代史学」の重要な基本的研究も認識もない、という側面をも自ら示す例と思います。

それは、「弥生都市論では、大規模環濠集落を都市と認め、その根拠は、論者によって多少違っているが……規模が大きい、人口が多い。人によっては一〇〇〇人（たった?、これを四分割し、それぞれ女性と老・幼の人数を差し引けば、四分の一ブロック当たりの壮・青の男子は何人?……引用者）と推定される。異質な職掌に携わる人々が多数存在し、専業工人がいる。内部に階層制がみられ、首長権力が存在し、……区画された首長の居住地、王宮がある……防衛施設が厳重である。」（二〇一三年、『岩波講座・日本歴史』（第一巻）、一二〇頁。傍線は引用者）。

ここには「弥生時代の『大規模』集落に、「……王宮がある。防衛施設が厳重である。」としながらも、ヤマト朝廷には、それがなぜ、かけらさえもないのかという、肝心要の問題が、いっさいないのも不可解です。そもそもここの「大規模」集落とは、どこの遺跡をさしているのでしょう。これに一番該当するものは北九州の「吉野ケ里遺跡」ではないのですか。

こうして通説の日本古代史の弥生時代の研究は、〝定住氏族社会の原始都市から都市国家へ〟という、世界の国家形成・発展史の常道からみれば、それが明確に指摘されていない点に、特徴があると思います。しかも、この後でとりあげる『三国志』魏志・倭人伝には、「今、使訳通じる所、三〇国」とあります。これは当時の日本社会が、世界の都市国家群時代と同質という点を示すものと考えます。こうして『古事記・日本書紀』の〝日本古代史〟より、『魏志』倭人伝に記載されている「倭人・倭国」の姿の方が、世界の都市国家時代や、古代沖縄の「グスク（沖縄式城塞）時代」に通じると考えられるのです。

こうして氏族社会から国家形成時代への、日本本土以外の国家形成史とその都城・京師の出現という普遍的事実に着目すれば、「〝神武から天武天皇〟にいたる都城・京師なきヤマト朝廷」なる『記・紀』の記載がしめすものは、〝『紀・紀』と戦前・戦後の日本古代史学〟が、虚像に過ぎないことを示すものと思います。少なくとも弥生時代、各氏族による特定の土地の所有が現われるや、「不動産をめぐる戦争がおきる」ことまでは、先述のとおり日本古代史学も、世界に遅れること約百年以上ながら、やっとほんの少々は認識しはじめたようですが……。

〈参考文献〉

司馬遷『史記』
『岩波講座　日本歴史』第一巻　二〇一三年
貝塚茂樹責任編集『世界の歴史』Ⅰ　中央公論社　一九八六年
L・Hモーガン『アメリカ先住民の住まい』岩波文庫　一九九〇年
マルクス『資本主義的生産に先行する諸形態』大月書房　一九七一年
中村純『花粉から分かる稲作の苦闘』科学朝日　四一巻六号　一九八一年

古田武彦『盗まれた神話』ミネルヴァ書房
『東京新聞』二〇一九年七月二七日
『古事記』
『日本書紀』
『三国史記』
千家尊統『出雲大社』学生社　二〇〇二年―佐草自清『自清公随筆』
ホメロス『イリヤス』
エンゲルス『家族・私有財産・国家の起源』新日本出版社　一九九四年
『ダルマ・スートラ』
佐藤圭四郎『世界の歴史』六　古代インド　河出書房　一九八九年
マリア・ロストウォロフスキ『インカ国家の形成と崩壊　東洋書林　二〇〇三年
宮本一夫『中国の歴史』１　神話から歴史へ　講談社　二〇〇五年
費孝通編修『中華民族の多元一体構造』風響社　二〇〇八年
王魏『中國からみた邪馬台国と倭政権』雄山閣出版　一九九三年
脱脱『宋史　日本伝』
モーガン『古代社会』上巻　荒畑寒村訳　一九六六年
『岩波講座・日本歴史』第一巻
『魏志』倭人伝

第四章　「三角縁神獣鏡・魏鏡説」の崩壊

戦後日本の考古学の実証主義、つまりは「三角縁神獣鏡・魏鏡論」や、キンキ地方の「巨大前方後円墳・ヤマト朝廷造営論が代表」ですが、これは文献記載への実証主義的検証という性格をもたないという点で、ヨーロッパ・中国の考古学とは、性格を異にしたものとおもいます。

しかも「三角縁神獣鏡。魏鏡説」、「巨大前方後円墳・ヤマト朝廷造営論」などの、戦後日本古代史学の「考古学」で、指導的役割を果たされた小林行雄氏はその著、『古墳時代の研究』(青木書房、二〇〇〇年、第一二刷)で、「真の考古学は、実証の上に立つ推論の学であるべきである。」(一一頁)と述べています。

「実証の上に立つ推論」とは何でしょうか。〃出土物の用途や性格等々を発掘した学者がいろいろ頭で考えるべきだ〃ということだとすれば、主観主義的考古学への道標になる考え方と思えます。すなわち戦後日本の実証主義は、シュリーマン等の古代人の文字の記録への実証主義的な検証ではなく、発掘者の出土品への解釈等におもむきをおいた考古学のようです。

発掘者の見解・解釈が出土品の性格の理解・解釈に大きな比重を占める、いわば主観主義的考古学とでも呼ぶべき性格に見えます。

例えば「三角縁神獣鏡・魏鏡説」問題を例に考えれば、『魏志』倭人伝には、卑弥呼に下賜された青銅鏡にかんしては、「銅鏡百枚」の四文字しか記されていません。ここから本来、魏の文化に「三角縁神獣鏡があるか」とか、魏を代表する青銅鏡の様式はなにかなど、古代中国の青銅鏡とその文化にかんして突っ込んだ研究が必要なはずです。

しかも日本国内でも古田武彦氏や井上光貞氏、考古学者の奥野正男氏等々の、「三角縁神獣鏡・魏鏡説」への否定的見解があるわけです。ところがそうした見地は無視されて、例えば小林行雄氏のような〝権威〟が、「この三角縁神獣鏡は魏鏡である．」と言うと、それが真理でもあるかのように信奉されて、「三角縁神獣鏡・魏鏡説」が、なかば絶対的権威となるわけです。ここに近世尊皇日本史学の、とくに明治以降の一個の特質があるのです。

これは私だけの見方ではありません。

「今はそんなことはないと思いますけれども、一時は邪馬台国について、京都の古代史の研究方向が畿内説、東京の方が九州説というふうに色分けがあったとされています。

それはつまり偉い先生が、いうなれば大学のすぐれた指導者がいわれたら、後の門下生の先生方も何となくそれに従わなければいけないという風潮があったからだと思います。

やはり学界の、あるいは自分の身の将来がかかっておりますから、非難（批判）することができない。学界というところは、やはりそういう弱い、真理ばかり追究できない点がございます。しかし、学問というものは、やはり真理を追究しなければならんわけで、先生がどう言われようと、学問は真理を第一にしなければならないと思います」。

これは佐賀県教育委員会主催の、「古代国家形成の謎を追え」と題したシンポジウム（東京国立博物館、一九九〇年）での、松本清張氏の「特別講演」の一節（『吉野ケ里遺跡と古代国家』、一九九五（平成七）年、吉川弘文館」）です。

これは著名な諸先生もおられた面前での講演でしょう。こうした場で「学問は事実にもとづく真理の探究であるべきだ。」という〝当然のこと〟が強調されています。しかしこれは見方によっては異様な情景とおもいます。学問は〝事実にもとづく真理・真実の探究〟という、当り前のことが実は、〝日本古代史学では最も難しい。〟と指摘されているからです。

その理由は、大学の日本古代史学とは、指摘してきたとおり唐以前の古代中国歴代正史類の、〝対倭交流記と古代朝鮮諸国の対倭交流記〟の全面的否定と一対とされた、『古事記・日本書紀』の正当化が仕事・課題であって、同時にそれは、戦前・戦後憲法の第一条の根拠づけを学問的体裁で担うものです。ここに近代日本古代史学の最大の特質があるわけです。

ところがこれは「真実の探求」とは、まったく異質なものですから、これを学問的体裁で根拠づけるためには、〝特別な権威〟が必要なのです。それは〝事実ではなく〟、世俗的に権威と見なされている、すなわち〝大学の日本古代史学にかかわる著名な教授〟です。著名な教授諸氏の日本古代史の本を読むと、「多くの学者はこう考えている、」とか、「この点で学界の見解は一致している。」などという、不思議な表現を目にします。私は思うのです。なぜ〝実証や事実〟ではなく〝学者の見解〟なんだ？と。

その一例が「三角縁神獣鏡・魏鏡説」です。さきに指摘したとおり『魏志』倭人伝には、卑弥呼に下賜された青銅鏡が「三角縁神獣鏡」とは一字もないわけです。したがって「三角縁神獣鏡は魏鏡」という根拠は、文献上はいっさいないわけです。

ただ「邪馬台国・近畿説、卑弥呼・ヤマト朝廷の始祖説」を主張する考古学の著名な先生が、「三角縁神獣鏡・魏鏡説」をかかげたわけです。これは同時に、「三角縁神獣鏡」を出土する前方後円墳を、「ヤマト朝廷の造営」と主張するのにピッタリの「実証主義」でもあるわけです。

したがって「門下生の先生」のみならず、自称マルクス主義の古代史学の諸先生も、そこに勇んで馳せ参じる有様でした。こうした「主観主義」的考古学、それを土台とした〝実証主義的科学的〟日本古代史学が、一朝にして根底から破綻・崩壊したとしても、そこになんの不思議がありますか。

結局、〝学問〟が真実の探究ではなく、〝憲法第一条の日本史観〟守護におかれているので、権威は「事実」でなく政府・文部省等の〝お覚えめでたい〟先生の「見解」なのです。

ここでは事実は、継子扱いされるわけです。こうした〝学問〟が破綻するのは、戦前の「皇国史観」の運命同様、避けがたいことですが、これを批判・克服する力が、少なくとも日本古代史学関連の学者の世界では、非常に希薄な点に真に憂慮すべき問題点があると思います。

さて本題です。一九八〇年以降、お隣の国、青銅鏡の本場の〝中国社会科学院考古研究所前所長〟の王仲殊氏という中国の考古学の権威によって、「三角縁神獣鏡・魏鏡説」への徹底的な批判（『三角縁神獣鏡』、王仲殊氏著、西嶋定生氏監修、学生社、一九九八年、初版）が先述のとおり展開され、通説はその批判を受け入れてはいませんが、しかし、〝事実にもとづく堂々たる反論〟などおよびもつかない有様です。

王氏の「三角縁神獣鏡・非魏鏡、呉鏡説」の主な論点は次のようなものです。その第一は、「三角縁神獣鏡は三国時代の魏の文化には存在せず、呉の文化とその青銅鏡であって、呉の鏡職人が当時の倭人に招かれて、キンキ地方で倭人の要望をも入れて製造した「独自の青銅鏡」であること、第二は、したがってその文様は呉地の神獣鏡とも異なる特質があること。

それは、まず、呉をふくめて中国の青銅鏡は最大でも一〇センチ余程度であるが、日本の三角縁神獣鏡ははるかに大きく、福岡県平原遺跡（糸島郡、前原町有田）出土の「内行花文鏡は、直径四六・五センチに及ぶ」などがその典型的な例とされ、さらには、中國の神獣鏡には「三角縁」等はなく、また、中國の神獣鏡にはない「笠松文様」が、「三角縁神獣鏡」にはかならずあるなど、古代中国の青銅鏡との違いが指摘されています。

この王氏の「三角縁神獣鏡・呉鏡・帰化人製造説」について、日本の古代中国史の専攻の学者の方から次の指摘がある点も、従来とは違いが感じられます。「日本の古墳から現在も大量に出土する『三角縁神獣鏡は、この時（卑弥呼の魏朝との交流時）に中国から下賜された『魏鏡』であるといわれてきた。これに対して森浩一氏は、つとに一九六二年、このような特殊な形と独特の文様のある鏡が、中国本土からは一面も出土していないという事実を指摘して、「帰化系工人製作説」を発表した（「日本の古代文化」、『古代史講座』３）。

さらに中国の考古学者王仲殊氏は、一九八〇年代から詳細で緻密な『魏鏡説批判』を精力的に展開し、これらは『呉から渡来した中国の職人が日本で製作したもの』とする新説を発表している。……この新説には説得力があり、日本の考古学界には、王氏の周到な批判に耐えるだけの（魏鏡説の再建）を期待したいものである。」（『世界の歴史②』、〝中華文明の誕生〟、尾形勇氏、平勢隆郎氏著、三八三頁、中央公論社、一九九八年、初版）。

ここで重視されるべきは、王氏と基本的に同一の見解が、一九六二年以降に森浩一氏によって提出されていながら、この見解、すなわち正論が、いっさい日本では無視されて現在にいたるという悲惨さです。正論が誰によっても、肯定・援護されない日本社会の悲惨さ、暗さです。

その根底には、それが事実であっても戦前戦後の憲法第一条の否定につながる研究・見解、すなわち近世以降の水戸史学・国学以来の尊皇日本史論に反する、またはその権威に不審を抱かせる見解は、これを一致して否定・無視するという体質です。ここに近世・近代・現代日本古代史の病巣、ならびに近代日本社会の深刻な問題点があると云わざるを得ません。しかも、それの行きつく先が国際的批判に、事実にもとづく反論一つできないにもかかわらず、日本社会では固執されるという異常性です。これが近代～現代日本社会の現実の一断面です。しかもこの現実に、日本では、とくに誰によっても危機感などは抱かれていないようです。

一　王仲殊氏の見解と文献

さてこの王仲殊氏の「三角縁神獣鏡・呉鏡説」には、それに対応した文献記載があるという点でも、シュリーマンの「考古学」と同様なのです。つまりは王氏の見解は、文字の記録への実証主義的検証という性格をそなえているのです。

そこに「倭人自身の歴史認識」として呉地との結びつきが語られているのです。それは『後漢書』倭伝の、倭人と呉地との交流記です。すなわち古代倭人と中國南朝の地との結びつきにかんする、文字の記録です。もちろん「記・紀」絶対主義の日本古代史学では、これらは一度も検討・探求されなかったものなのです。

こうして古代中国正史類等の「倭人」の記事が、近世以降の日本人の認識・感覚からはピンとこないものでも、意外や、事実の記録であるという点が明らかになるのです。

しかもこの倭人と呉の結びつきの記録は、従来の日本古代史学では取り上げられたことがないとはいえ、日本人は水田稲作という日本文化の基盤を保持して、どこからどのようにして日本本土に渡来したのか、という問題とも深くかかわるものでもあるわけです。

それは古代中国正史類の「倭人」記載と、日本の水田稲作の歴史の探求の意外な一致という点です。これは池橋宏氏著の『稲作の起源』(講談社、二〇〇五年、第一刷)です。

池橋氏の研究では、日本の水田稲作の特徴は「田植え」をする点であり、こうした稲作文化の発祥の地は揚子江中下流域であり、この文化を創造した人々は「百越」と呼ばれる「越人」(ベトナム人など)であり、古代において稲作は、その文化を保持する人の移動・拡散によって広がる性質をもち、日本に水田稲作をもちこんだ人々は、この越人の一派であるという見解です。すなわち水田稲作民である日本人の民族的ルーツに結びつく問題です。

この見地からは私見では、倭人と先住者の「縄文人」の関係は、結果的には混血したとは言え、水田稲作と文化を「日本人とその文化」というとすれば、「縄文人＝日本人の祖先論」は、これも世界の氏族社会論とそのもとでの人間論にたてば、そう簡単に肯定される問題ではないのではないか等、多くの検討点が浮かび上がると考えるのです。

この点に関しても先に引用した松木武彦教授が取りあげていますが、その見解は、マルクスやエンゲルスおよびモーガンをはじめ、世界の「氏族社会とそのもとでの人間論」とは、まったく異質な以下のような「平和融合論」です。

「稲作をもたらした渡来人と縄文人との間には部分的には戦闘があったかもしれませんが、短期間で縄文人も農耕を取り入れ、弥生の農耕民として溶け合っていったと考えられています。」

とされています。しかし、古代において水田稲作の普及は、その文化をもつ人の移動と拡散によるというとすれば、「平和的融合論」の成立は、そう簡単なことではないというべきでしょう。後述するとおりとりわけ『日本書紀』には、先住縄文人と水田稲作民たる渡来人の死闘が、濃密に記されています。なおここでつけくわえれば、『古事記・日本書紀』の記事は、なんでも〝信じがたい〟のではなく、「日本の王家はヤマト朝廷ただ一つ」という点が、〝信じがたい〟のです。

大學の日本古代史学部関連の日本古代史論は、人類の国家形成にかかわる普遍的性格と特質を意図的に拒否する結果、『記・紀』の日本史偽造の要が、「ヤマト朝廷唯一王家史」の構築にあって、その他の記事には日本史の事実が、断片的に、ないしは歪められながらも散りばめられている場合もあるという点を、見逃すのです。

「三角縁神獣鏡・呉鏡説」の最大のポイントは、古墳時代に近畿地方の人々と今日の上海方面、揚子江流域の人々が交流していたという、途方もない見解という点にあります。こうした「倭人・日本人」論は、「ヤマト朝廷一元史観」の通説からは、とり上げられなかったものでしょう。たしかに『古事記・日本書紀』絶対主義の、「日本古代史観」からはそうでしょう。

しかし一転して、古代中國正史類等の「倭人」記載、日本古代史に常に登場する『後漢書』倭伝、『魏志』倭人伝、『隋書』俀国伝（通説の日本古代史学では、「倭国伝」と原文改竄されるのが常態。『隋書』の東夷伝には「倭国伝」はありません。後述）には、通説がとりあげない倭人と海との濃密な関係、すなわち「倭人」の海人性が、くりかえして登場しているのです。

むしろ不思議は、通説の「日本古代史」が、これらの記事はとり上げないという点でしょう。まずは『後漢書』倭伝です。

「また、夷洲（台湾と通説はいう）および澶洲（「せんしゅう」と通説はいう。〝だんしゅう〟では？その場所を通説は不明・済州島かという）あり。伝え言う、『秦の始皇、方士徐福を遣わし、童男女数千人を将《ひき》いて海に入り、蓬莱の神仙を求めしむれども得ず。徐福、誅を畏《おそ》れて敢えて還らず。遂にこの洲に止まる』と。世々相承《う》け、数万戸あり。人民時に会稽に到りて市す。会稽の東冶の県人、海に入りて行き風に遭いて流移し澶洲に至る者有り。所在絶縁にして往来すべからず。」（傍線は引用者）。まずは徐福伝説は北九州にあることは知られております。

したがって「澶洲」は「九州」と思われます。「澶」の字の意味は〝ふえる・はびこる〟です。この引用文の重要なところは、「この澶洲から時に、人民（倭人）が会稽に来て市（貿易）をする。会稽・東冶県の人で海にでて不幸にも嵐にあい、流されて澶洲に漂着する人もいる。澶洲ははるかに遠く往来できない。」というところが重要な点です。

要するに当時の会稽の住人からは、海に出て運悪く嵐に遭い流され、はるかに漂着するものもいる、しかし、あまりにも遠いので往来は難しいといわれる澶洲から、「倭人が時に訪れて交易をする」という点に意義があるのです。

つぎは『三国志』魏志・倭人伝です。ここには〝持哀《じさい》〟と呼ばれる、今日では私たちも知らない、外洋の航海にかかわる「倭人」の風俗・習慣が記されています。

それは、「その行来、渡海、中國に詣るには、常に一人をして頭を梳《くしけず》らず、蟣蝨《きしつ》（のみ、しらみ）を去らず、衣服垢汚、肉を食わず、婦人を近づけず、喪人の如くせしむ。これを名づけて持哀と為《な》す。もし行く者吉善なれば、共にその生口・財物を顧し、もし疾病あり、暴害に遭えば、便《すなわ》ちこれを殺さんと欲す。その持哀謹まずといえばなり」。

おそるべき風俗・習慣といえましょう。その「持哀」がどんなに厳格であっても、海上での「疾病、暴害（嵐）」等は防げなかったからです。ではこの記事が示すものはなにか、を問えば、多くの犠牲を伴っても古代の日本人（倭人）は、はるかに海をこえて中國等と交流していた、海洋性の高い性格の民族であったということとおもいます。ここに日本人の「生食」（サシミ）文化の根源があるのではとおもいます。

第三が、「日出る処の天子、書を日没する処の天子に致す。恙なきや。云々」の国書で有名な『隋書』俀国《たいこく》伝です。時代は七世紀です。ここに「死者は斂《おさ》むるに棺槨《かんかく》を以てし、親賓、屍について歌舞し、妻子兄弟は白布を以て服を製す。貴人は三年外に殯《もがり》し、庶人は日を卜して瘞《うず》む。葬に及んで屍を船上に置き、陸地これを牽くに、あるいは小轝《しょうよ》（台車?・）を以てす。」（傍線は引用者）。とあります。

これは舟形棺ともかかわるものか不明ですが、「葬に及んで屍を船上に置き」とは、「倭人」の海人性を視野におけば、やはり注目されるところとおもいます。

注目すべきは舟型棺を車のついた台車に載せて引くという光景は、〝長崎くんち〟の舟形ダシ（？）を思わせないか等、『古事記・日本書紀』中心主義の日本古代史が、とかく天皇や貴族中心主義に傾くのに反して、国民の姿に通じる記述がある点、注目されます。

二　「自ら太伯の後と謂う」

しかし、これだけではないのです。それは「其の俗、男子は大小と無《な》く、皆、黥面文身す。其の旧語を聞くに、自ら太伯の後と謂う。又云う、上古自〔よ〕り以来、其の使い中国に詣《い》たる。」（『太平御覧』、東夷三の『魏志』）」（佐伯有清氏著、『魏志倭人伝を読む・上』、一〇五頁、吉川弘文館、二〇〇〇年、第一刷）」という文言を記録する史料があることです。しかも、この「其の旧語を聞くに、自ら太伯の後（後胤）と謂う。」式の文言を記録する史料は、この他にも、佐伯氏は引用し検討されています。それは「唐の杜佑《とゆう》（七三五〜八一二）が撰述した『通典』の分注にも、「『魏略に云う。倭人、自ら太伯の後と謂う。』」（同書、一〇七頁）とあります。

この「其の旧語を聞くに、自ら太伯の後と謂う。」という一文の信憑性はどうか、と云う点ですが、真実の「倭人・日本人」の歴史と断定できる二つの根拠があります。

一つは『魏志』倭人伝には知られるとおり、「男子は大小となく、皆、黥面文身す。古より以来、その使中国に詣《いた》るや、皆大夫と称す。」という一文があります。通説の日本古代史では、この「黥面・文身」の意味を、古代「倭人の風俗・習慣」程度の理解にとどまって、〝どうも古代倭人は未開人的〟という印象のようですが、『三国志』魏志・倭人伝が記す「黥面文身」文化は、古代中國最初の「夏王朝」の文化と関係している、という記載になっている点は見落とされるのです。

それは引用した「黥面・文身」記事につづいて、「夏后少康、会稽に封ぜられ、断髪文身、以て蛟竜《こうりゅう》の害を避く。今倭の水人、好んで沈没して魚蛤《ぎょこう》を捕え、文身しまた以て大魚・水禽を厭《はら》う。」として、倭人の黥面・文身という習慣と、古代中國文明をひらいた最初の王朝の文化との、結びつきを強調した記事となっているところです。この流れのなかで『魏志』倭人伝に、「古来より以来、その使中國に詣るや、皆大夫と称す。」とあるわけです。ここでの問題は「大夫」とは何かという点です。「大夫」とは古代中国では上級身分の階級で、古来、外国との交流の使者をになう階層です。先ずは「大夫」階層についてです。

「天に（甲より癸までの）十日ある如く、人にも十級ございます。……（十級とは）、王の下には公、公の下には大夫、大夫の下には士、士の下には皁《そう》、皁の下には輿、輿の下には隷、隷の下には僚、僚の下には僕、僕の下には臺。」（小倉芳彦氏訳、『春秋左氏伝・下』、九七頁、（昭公七年、紀元前五三五年）、岩波文庫、二〇〇七年、第一三刷。傍線は引用者）とある点をみれば、「大夫」が高位の階層とわかります。つぎは「古来より以来、その使中國に詣るや、皆大夫と称す。」という、その「大夫」とはなにかです。

これは、「大夫が諸侯の使者となって天子を聘問すること」という、古代中国の政治的、また社会的な風習に由来するものです。「『礼記』王制に、「諸侯の天子に於けるや、比年（毎年）に一たび小聘し」という記事があり、その注に「小聘には大夫を遣わし」とあると指摘（『魏志倭人伝を読む・上』、一一三頁）されています。また聘問とは、「諸侯が大夫に他諸国を訪問させること」（『漢語新辞典』、大修館書店、二〇〇一年、初版）ともあります。この事実をみれば古代倭人は、古代中国王朝の身分制度と、その役割を十二分に承知していたという点が明らかになります。

古代中国の役人が、この一介の夷蛮国の使者が古代中国の行政的制度を熟知している点を不審に思い、「どうして大夫の役割等を承知しているのか」等を尋ねても不思議はないでしょう。これに対する倭人の使者の回答が、「自ら太白の後（後胤）と謂う」でしょう。

「われわれは『呉の太伯の後胤』である。」という、おおよそ水戸史学や国学などの近世以降の「ヤマト民族、ヤマト魂」論を、根本から否定する「倭人自身の日本人論」です。しかも、その点が「黥面・文身」という、倭人の風俗・習慣の歴史的背景、それの古代中国史における位置づけとのかかわりで指摘・強調されているのです。「邪馬台国論争」等、通説の『魏志』倭人伝論では、ほとんどとりあげられなかった、しかし「倭人と倭国」理解の一つの急所です。

そもそも「呉の太伯」とは、かの有名な司馬遷の『史記』周本紀に記す「太伯」です。古代中國史の中心中の中心記事です。

それは周王朝の祖である「古公亶父には、太伯、虞仲、季歴の三人の息子があった。末っ子の季歴の子の昌（後の文王）というのは、生まれるとき瑞兆があり、またひじょうに利発な子であったらしい。祖父は、『周がいつの日か中原の主となるときがくるとすれば、それは昌の時代に相違ない。』といって、ひそかに望みを託していた。

これを聞き知った伯父の太伯・虞仲は、老父のひそやかな念願をかなえさすには、自分ら二人が身をひいて、末の弟の季歴を世継ぎにたて、その子、昌の世がくるようにせねばならんと考え、ある日突然、都から身を隠して逃亡し、なんでも東南の湖南地方まで逃げのびて夷蛮の間に身を投じ、その風俗にしたがって文身をからだにほどこし、二度と故郷に帰らぬという決意のほどを示したという。この太伯の子孫が蘇州に国を建て、後の呉国の祖先となった。」（貝塚茂樹氏編集、『世界の歴史・1』一〇三頁、中公文庫、一九八六年、一七版）という記事です。

さらには『魏志』・倭人伝には、「男子は大小となく皆黥面文身す。その使中国に詣《いた》るや、皆大夫と称す。」につづいて、「夏后少康の子、会稽に封ぜられ、断髪文身、以て蛟竜の害を避けしむ。今倭の水人、好んで沈没して魚蛤《ぎょこう》を捕え、文身しまた以て大魚・水禽を厭《はら》う。」とある部分の、「夏后少康の子、会稽に封ぜられ……以て蛟竜の害を避く」とあるところです。

「夏后少康とは、夏の中興の英主とされる少康のことである。その子が会稽の王に封じられた。彼は水辺の民が蛟龍の害に悩んでいるのを見て、『断髪文身』つまり長髪を切り、身体にいれずみすることによって、その害を避けるができると、教えたというのである。」（古田武彦氏著、『邪馬台国はなかった』、一〇九頁、角川文庫、一九八〇年、第四刷）。

ここには古代中国最初の王朝の夏の王の子が、会稽の水辺の住民に、『断髪文身』の術によって、「蛟竜の害を避ける」すべを教え、それと同じ方法が倭人の間で行われているという、夏王の子が会稽人に教えた文化と、倭人のそれの近親性が強調されているわけです。つまり『魏志』倭人伝のこの一節を、「野蛮人的非文化的特質の描写」と受けとるのは、お門違いだということです。ここが通説では理解されず「邪馬台国論争」史学は、「その道里を計るに、当に会稽東治の東にあるべし。」を、後漢書の編者の范曄が、これを行政制度的・地理的な記載と勘違いしたという事情も加わって、「東治」を「東冶」とよみかえるのが通説の姿です。これは古田氏が、その著『「邪馬台国」はなかった』で強調されたところです。すなわち歴史的文化的政治的記載を、行政的地理的記載と勘違いして今にいたるというのが、従来からの通説の「邪馬台国論争」の姿だということです。

こうして日本古代史学の探究の大きな課題の一つに、何故、またどのようにして古墳時代の近畿ヤマト地方の倭人たちが、今日の上海方面と交流していたのかという謎が、スフィンクスめいて立ちはだかることになるのです。

三　「巨大前方後円墳・ヤマト朝廷造営論」は成立するか――首都・都城がない

しかし以上にとどまらず、戦後日本古代史の『実証主義』の一つ、「巨大前方後円墳・ヤマト朝廷造営論」も、ヨーロッパ・中国等の古代文献（金石文をふくむ）への、「実証主義」的検証という性格はない、という問題があるのです。したがってこの〝実証主義〟の巨大前方後円墳・ヤマト朝廷・造営論も、重大というべき弱点・問題点を指摘しうる結果となるのです。

通説は、「三角縁神獣鏡・魏鏡説」を否定する、王仲殊の批判を認めてはいないものの、しかし一段と、「巨大前方後円墳・ヤマト朝廷造営論」に力が入るようです。

二〇一三年刊の『岩波講座・日本歴史』（第一巻）には、『前方後円墳の成立』、「3、前方後円墳の巨大性の評価」（一九五頁）として、次のように述べています。「……少なくとも旧世界について見れば、二〇〇メートルを超える規模の王陵を築造し、統治のための墳墓記念としてこれを利用した社会は、始皇帝以降の中國、第四王朝のエジプトなど、きわめて少数であり、それらを残したのはいずれもまぎれもない国家段階の社会であることに気づくのである。そうした世界の『経験則』に照らしたとき、二八〇メートルの箸墓古墳に始まる巨大な墳墓記念物を持つ古墳時代の事例は極東の島国の特種例外的な存在に過ぎないのだろうか。」（同書、一九八頁）。

しかも二〇一九年にユネスコが、「大仙古墳」をふくむ「百舌鳥・古市古墳群」（大阪府）を、『世界遺産』に登録するよう勧告したと新聞報道（二〇一九・五・一五）され、通説の研究が国際的にも確認されたかに見えます。たしかに「世界遺産指定」は大いに結構です。しかし、だからと言って、これらの古墳群に埋葬されていると通説がいう天皇名は、しかし実際には考古学的には、実証され証明されてはいない、という現実も横たわっているわけです。すなわち世界の歴史学の「実証主義」にてらせば、「百舌鳥・古市古墳群・四＝五世紀のヤマト朝廷の古墳論」は、まったく未確認、すなわち「真の実証がない」、という問題です。

先の『岩波講座・日本歴史』の引用の一文の問題点は、「第四王朝のエジプト」も「始皇帝」も、首都と王宮がある点で、「古墳時代のヤマト朝廷」とは根本的に違います。第四王朝のエジプトは首都「メンフィス」（第三〜第六王朝）、秦の始皇帝は「咸陽《かんよう》」（現在の西安の北方）が有名です。その中心の阿房宮一つで、東西七〇〇、南北一五〇メートルあったとあります。では「古墳時代のヤマト朝廷の都城・首都とそこに定着した王宮」はどこですか。それは〝ない〟でしょう。

したがってこの通説的な「巨大な墳墓」の国際的比較論は、〝真の意味で比較論にはなっていない〟という問題があります。比較とは同質のものを比べるものであって、〝首都のある国家〟とそれがないものを比較するのは、比較の基本原則に適合しない、という問題があると思うからです。この点も、ぜひ、学者の皆さんにお尋ねしたいところです。

しかもこの二〇一三年の『岩波講座・日本歴史』（第一巻）には、「古墳時代における王宮の存在は、考古学的証拠から導き出すことがかなり難しい。とくに畿内地域において、豪族層の居館を規模や構造において上回る施設を指摘することは困難であり、大王家と豪族との間でそれぞれの施設を峻別できるかどうか疑問である。」（同書、二二八頁）と述べてもいます。都城・京師・首都はおろか、例の天皇一代ごとの「宮《みやこ》」さえ、考古学的に確認しえないと記述されているわけです。

だからといって同書は、〝宮《みやこ》はなかった〟とは言っていません。「一方、文献研究では、王宮や諱《いみな》にちなむ部民（名代、子代）の存在をもとに（?）、実際に存在した王宮を支える経営の仕組みがあったことが確かめられており（?）、それが王族の間で継承されていることが明らかになっている云々。」……（同書、同頁。傍線と「?」は引用者）。

ここにこそ日本古代史学と、ヨーロッパ・中国の歴史学的考古学との質的差異が明白だと思います。〝文献がある、それが事実の記録であれば実証できる〟、これがシュリーマン等の考古学です。これに対して、〝文献がある。しかし、それは考古学的には実証できない。だが文献があるから、これは間違いなく事実だ〟、これが戦後の日本古代史学の考古学の特質です。

この二〇一三年・『岩波講座・日本歴史』（第一巻）文章の問題点は、そもそも『古事記・日本書紀』の天皇の治世ごとの、奈良県内や大阪方面を点々とする「宮」記載は、国家・王朝の形成・存立という点では〝問題以前〟、という点への指摘がないところです。現に先述のとおり通説自身が、「都城は政治の中心である」と述べているのですから、なぜヤマト朝廷には六九四年の藤原京まで、「都城・京師」がないのか、これが問われるべきです。

どーも大学の〝日本古代史〟には、戦前から「天皇は偉大である、特別である。」ということを非常に強調する癖があって、戦前は、「天皇は日本神話の神からの万世一系のお血筋」ともちあげ、「現人神《あらひちがみ》」などと称し、戦後、「天皇の人間宣言」が行なわれると、「巨大前方後円墳はヤマト朝廷の造営である。古墳時代のヤマト朝廷は古代エジプト・秦の始皇帝に匹敵する世界に冠たる大王家である。」、という「説」を大声で唱える学者が、もちあげられるように見えます。

だが、しかし〝世界にとどろく大王家〟にしては、「世界の大王家がみな備えている、都城・京師・首都・王宮がない」点の説明がないわけです。日本の他に、「王、何十代にわたって都城・京師・首都のない王朝・国家があるのか。」、この問題こそが、日本古代史探究の最重要の問題とされるべきものではないのかと考えます。この点も、世界の姿に照らして、いかがなものか学者の方々に、ぜひおたずねしたい点ですね。

しかも通説の「日本古代史学」には、国家がそこから誕生する氏族社会の研究は、事実上なく、未だに「原始都市」云々が散発的に議論されているだけです。一々引用はしませんが、この二〇一三年の『岩波講座・日本歴史』（第一巻）には、「都市の存否」（一二〇頁）が云々されるという、欧米等に比較すると百数十年はおくれた姿です。ここにも通説的日本古代史学の問題点があるのではないか、とおもいます。

ここで「古墳時代のヤマト朝廷・巨大前方後円墳造営論」の矛盾点を、都城・首都論の立場から指摘すれば、先述のとおり通説は、近畿地方の巨大前方後円墳の造営に、「数百万人が動員された」などの議論を展開して、〝古代ヤマト朝廷は大きな力をもっていた。〟と声を大にするのですが、だとすればそれだけの巨大権力が存在しながら、なぜ古代琉球の名護市付近を中心とした沖縄北部の一小国、「北山王国」のすでに世界遺産にも登録されている、「今帰仁王城遺跡（ナキジン・グスク、写真参照）程度の規模の王城遺跡一つさえないのでしょうか。一方では、「都城は政治の中心」と自らいいながら、その欠落の状態のままで「大古墳・大王家存在の証明」というのは、自己矛盾ではありませんか。この点、ぜひ、おたずねしたい点です。

沖縄・北山王国の『今帰仁王宮遺跡』

墓の造営には数百万の人を動員できるが、首都・都城はなく、天皇の治世ごとに奈良県内や大阪方面を点々とする宮《みやこ》しかないと『記・紀』が書き、そのうえにそれさえも、「古墳時代における王宮の存在は、考古学的証拠からは導き出すことがかなり難しい。」という有様は、国家・王朝の存在での根本問題で説明がつかないとおもうのです。

すなわちこの問題の意味するものは、「巨大前方後円墳・ヤマト朝廷造営論」は、もちろんなりたたないばかりでなく、そもそもヤマト朝廷が古墳時代、存在したのか、これが根本的に問われる問題ではないかとおもいます。少なくとも都城・首都と王宮ないしは議事堂（民主体制の場合）は国家存在の絶対的な前提条件でしょう。

四 巨大古墳、〝天皇を特定するものなし〟

しかも興味深いのは、一元史観にたたれる井上光貞氏の、巨大古墳・ヤマト朝廷造営論です。氏によると、「古墳の研究で一番困るには、その古墳に葬られている人がだれだかわからないことである。……いわゆる古墳時代の古墳からは、被葬者の名を記したものは、まだ一度も出ないのである。……こういう点からいうと、天皇稜の存在は重要である。なぜなら、奈良時代のはじめにできた古事記や日本書紀には、歴代天皇についての陵墓の位地が書かれているし、平安時代の『延喜式』の『書陵式』にも、天皇の稜墓の位地や大きさが記されているからである。これらの記録と、あれは何天皇の、または何皇后の陵だと伝えてきた言い伝えを対照して、明治になってから天皇陵の指定が行なわれたのである。

この場合も、古墳の中から、何天皇の墓だという証拠が出たわけでないから、疑えばいくらでも疑えるわけだ。」（井上光貞氏著、『日本の歴史・1』、三〇三頁、中公文庫、一九八五年、第二四刷。傍線は引用者）。天皇陵の通説的研究の実態は今日も、この井上氏の指摘を変えるものはないでしょう。

「○○古墳は、○○天皇の古墳」と通説の学者はいうのですが、真の実証主義的考古学にたてば、文献の記載にそって発掘し、そこから文献の記載を実証する出土物（天皇を特定する）があって、初めて〝○○古墳は○○天皇の古墳〟と断定できるわけで、この条件を満たさない場合、厳密には学説上、「○○古墳は○○天皇陵といわれるものは、考古学的には未確認」というのが真の科学的学問の姿と考えます。つまりは「○○古墳・○○天皇陵」という通説の〟主張には、真の科学的実証主義の立場からは、〝確認されたものはまだない〟、というのが正しい現状とお思います。

「そんなこと、素人がいくら言っても偉い学者が言っているんだ。これが真実だ」。これが〝日本的・肩書き主義社会の考え方〟とおもいます。これにたいして世界の実証主義的考古学の考え方は、あれこれの「巨大前方後円墳を天皇陵という判断は、その古墳からそれを証明する出土物が必要」ということです。

こうして古代国家探究の基本を、旧大陸の近代実証主義と国家の成立・都城・首都中心論という世界的な、また科学的な古代国家形成論という当たり前の観点・方法にたつと、『古事記・日本書紀』の「史観」を絶対視する戦前・戦後の日本古代史は、根本から揺らぎはじめるのです。すなわち世界の歴史学同様に、「都城およびそれと一体の王宮の確認」こそが、真実の日本古代史探究への前提であり、『古事記・日本書紀』の記載への、実証主義的批判となると考えるものです。これこそが日本古代史探究の基本的見地だと考えるものです。

〈参考文献〉
小林行雄『古墳時代の研究』青木書房 二〇〇〇年
松本清張『吉野ケ里遺跡と古代国家』吉川弘文館 一九九五年
『古事記』
『日本書紀』
『魏志』倭人伝
王仲殊『三角縁神獣鏡』学生社 一九九八年
森浩一『日本の古代文化』古代史講座３ 一九六二年
尾形勇／平勢隆郎『中華文明の誕生』世界の歴史２ 中央公論社 一九九四年
池橋宏『稲作の起源』講談社 二〇〇五年
『隋書』俀国伝

『後漢書』倭伝
『三国志』魏志倭人伝
『隋書』俀国伝
佐伯有清『魏志倭人伝を読む』上　吉川弘文館　二〇〇〇年
杜佑撰述『通典』
『春秋左氏伝』（下）　小倉芳彦訳　岩波文庫　二〇〇七年
貝塚茂樹編集『世界の歴史』Ｉ　中公文庫　一九八六年
古田武彦『「邪馬台国」はなかった』角川文庫　一九八〇年
司馬遷『史記』
『岩波講座・日本歴史』第一巻　二〇一三年
井上光貞『日本の歴史　Ｉ』中公文庫　一九八五年

第五章　古代中国正史類にみる「倭都」

古代中國正史類の「倭国」に関する記載は、本来は、『三国志』魏志・倭人伝が一番古い時代の成立ですが、五世紀の范曄が、魏以前の後漢時代の倭との交流を、『後漢書』に「倭伝」として記した結果、これが中国正史記載の最古の時代の「倭人・倭国伝」となったという事情があります。そこにたって「倭国」と、古代中國各王朝との交流記を年代順に列挙すれば次の通りです。

	正史名	撰者名	（生存年代）	その王朝名
①	『後漢書』東夷・倭伝	范曄	（三九八～四四五）	南朝宋
②	『三国志』東夷・魏志・倭人伝	陳寿	（二三三～二九七）	西晋
③	『宋書』夷蛮・倭国伝	沈約	（四四一～五一三）	南朝梁
④	『隋書』東夷・俀国伝	魏徴	（五八〇～六四三）	唐
⑤	『旧唐書』東夷・倭国伝、日本国伝	劉昫	（八八七～九四六）	五代晋

一　「倭国・俀国伝」の首都中心記載と日本古代史

以上の各時代の「倭国・俀国伝」は「倭国・俀国」との交流を記すに、その都城・首都中心主義が一貫している点、以下の通りです。

『後漢書』倭伝　「倭は韓の東南大海中にあり。山島に依りて居（首都）をなす。」

『魏志』倭人伝　「倭人は帯方の東南大海の中にあり。山島に依りて国邑（都城）をなす。」

『宋書』倭国伝　「倭国は高驪の東南大海の中にあり。世々貢献を修む。」

『隋書』俀国伝　「俀国は百済・新羅の東南にあり。水陸三千里、大海の中において、山島に依って居（首都）る。」

『旧唐書』倭国伝、「倭国は古の倭奴国なり。京師（唐の首都、長安）を去ること一万四千里、新羅東南の大海の中にあり。山島によって居（首都）る。」


以上のとおり、古代中国正史類の倭都の地理的位置については、〝朝鮮半島東南大海中の島、すなわち北九州にある。〟という認識であって、しかも文献に記されている期間は一世紀から七世紀まで、七〇〇年間です。そのうえにこの方角的認識は、『魏志』倭人伝、『隋書』俀国伝および『旧唐書』倭国伝にあるとおり、当該中國王朝から「倭国・俀国」に、使者が派遣されているという、〝国家的人的往来〟のうえにたって記されたものです。

しかしご承知のとおり従来の「邪馬台国・論争」史学では、一世紀から七世紀にいたる「倭人・倭国伝」には、その首都の日本本土に於ける地理的位置が一貫して明記されている点も、またそれは魏・隋・唐から「倭国・俀国」に、使者が派遣されているうえでの記録という点も、その意味を問う点もいっさいとり上げられていません。これは驚くべきことですが、戦前・戦後の日本古代史学のいわば現実です。

イ「邪馬台国論争」の〝欺瞞性〟

日本の古代国家の首都の地理的位置にかんして、こうした人的交流にたって記されている、これらの記録ほど信頼に足るものはないでしょう。なぜ戦前・戦後の日本古代史学は、これをとりあげないのでしょうか。それはこれらの古代中国正史類の記載を認めて、〝倭都を北九州〟と認めれば、『古事記・日本書紀』に、日本民族の歴史の事実はないことを公認することになるからだと考えます。

それは第一に、古代中國正史類の「倭都」の方角記載からは、当時の日本の中心を断じてキンキ地方とは言えないからです。キンキ地方は朝鮮半島からは〝東〟です。

現に一五世紀、朝鮮王朝の通信使として京都を訪れた、申叔舟の日本と琉球王朝を記した著書の表題は、『海東諸国紀』（田中健夫氏訳注、一九九一年、岩波文庫）です。つまり唐以前の古代中國正史類の対倭交流記からは、倭都の方角記載の事実に照らして、「邪馬台国・近畿説」とか、「邪馬台国・九州説・東遷論」などは断じて出てこない、その余地は百パーセントないことは、朝鮮半島からの倭都の方角記載で明らかでしょう。ここに戦前戦後の日本古代史の、「邪馬台国論争」史学の欺瞞性があるのです。この点、学者の方々にお尋ねいたします。

万が一「中国人が方角を間違えた。」という人がいたとしても、唐の時代、時のヤマト朝廷は、度々、唐・中国に遣唐使・留学生・留学僧を派遣して、その文物を学んだとし、この交流を古代日中交流の華やかな高揚とする、日本古代史学の諸研究論文等を読めば、「西も東も分からない中国人」というような「主張」は、なりたたないのではありませんか。

それに中国は日本とことなって国土は広大です。ここで文明を形成・発展させたものが、「方角不明の民」など論外でしょう。それでは国家の成立も存立もできないでしょう。

日本古代史では、〝西も東も分からない中国人〟式議論が「常識」ですが、これを今日、国際社会の前で行っては如何でしょうか。同意が得られるでしょうか。

つまりは右の中國正史類の記載する『倭国』の首都の所在地は、北九州です。しかもここに一世紀から七世紀の半ばまで七百年間、首都を置いていたという記載です。つまりはキンキ中心主義の「万世一系の天皇」、「ヤマト朝廷一元史観」の日本古代史の、百パーセントの否定となっているのです。

ここにこそ江戸時代以来の近世・近代尊皇史学が、古代中国正史類の否認に全力をあげてきた理由と背景があるのです。この中国正史類の対倭交流記の真実から、国民の目をそらす小細工として例の「邪馬台国」論争を、とくに戦後の日本古代史学が展開してみせたわけです。したがって古田武彦氏が『「邪馬台国」はなかった』で、後述のように正論を展開されるや、それを認め得ない（認めれば『古事記・日本書紀』の日本史の欺瞞性を認めざるを得ない結果になる）学者諸氏は論争をやめ、あの「国民的論争」の観のあった「邪馬台国論争」は、燃え盛る焚火に水がかけられたように、ほとんど一瞬にして沈静化したわけです。

同時にこの古代中国正史類の「対倭国」交流記は、日本民族もまた、世界の諸民族同様に複数的多元的王朝・国家の交代の歴史のもち主という、つまりは日本民族は、ほかの人類同様のホモ・サピエンスの一構成部分であるという、その意味できわめて正常な歴史の民族ということを示すものです。

ロ　『日本書紀』神功皇后紀も記す

しかも、この朝鮮半島からみて「東南大海中の島」は九州・〝北九州〟という記事は、『日本書紀』神功皇后紀の、北九州から朝鮮半島は〝西北の方角〟という記事と、百パーセント照応するのです。朝鮮半島から北九州は東南に位置すれば、北九州から朝鮮半島は、西北に決まりきったものでしょう。本来、日本古代史の学者ならば、断じて見落としてはならない、日本古代史の真実解明上、決定的な記事です。この点、学者諸氏の御見解をお伺いしたいと思います。

さて『神功皇后紀』の当該記事です。「夏四月の壬寅《みづのえとら》の朔《ついたち》甲辰《きのえたつのひ》に、北、火前国の松浦県《まつらのあがた》に到りて、〝玉嶋里の小河の側《ほとり》に進食《みをし》（食事）す。……中略……『朕、西財《にしのかたたから》の国（新羅）を求めむと欲《おもほ》す。……中略……

是《ここ》に、吾瓮海人烏摩呂《あへのあまをまろ》といふをして、西海に出でて、国有やと察《み》しめたまふ。還《かへ》りて曰《まう》さく、『国も見えず』とまうす。又磯鹿《しか》（志賀の島）の海人《あま》、名は草を遣して視《み》しむ。日を数《へ》て還りて曰《まう》さく。『西北《いぬゐ》に山有り。帯雲《くもゐ》にして、横に絙《わた》れり。蓋《けだ》し国有らむか』と申す。爰《ここ》に吉日《よきひ》を卜《うら》へて、臨発《たちたまは》むとすること日有り。」（『日本書紀・上』、三三二頁。傍線は引用者）とあります。

この『日本書紀』の方角記載は、先に引用・列挙した『後漢書』倭伝〜『旧唐書』倭国伝までの、「倭都」の朝鮮半島からの方角的地理的記載に、みごとに対応した北九州から朝鮮半島をみる方角記載ではありませんか。これを否定できる人はいないでしょう。

すなわち卑弥呼・倭国の「国邑」＝国都・首都は、北九州なのです。これが古代中國正史類の〝後漢〜唐（西暦五七年〜六四八年・貞観二二年）〟までの、歴代中国政府が記す卑弥呼・倭国の都城の、朝鮮半島南部からみた地理的方角です。

もし『日本書紀』神功皇后紀の「新羅討伐記事」は、史実でないという方がおられてもいささかも、問題の本質を変えるものではありません。そうであれば北九州から新羅・朝鮮半島をみる方角記事は、八世紀のヤマト朝廷とその史官等の認識を示すものということになるからです。

二　「邪馬台国・近畿説」、一三〇〇年前に否定

そればかりではありません。引用記事には、「西海に出でて国（新羅）の有無を確認せよ」という神功皇后の命に、「国も見えず」と報告したとあります。この「西海」とは何ですか。この新羅・朝鮮半島を「西の国」という方角観念は、日本本土のどの地点にたってのものですか。キンキ大和の地にたってのものでしょう。まさに「キンキは日本の中心という史観」と重なります。しかしこの記事の日本史的意義は、神功皇后が自分は「火前国の松浦縣」、すなわち北九州にいるとしながら、朝鮮半島を「西の国」と錯覚し、それが否定されたというところにあるのです。すなわち「邪馬台国・近畿説」の、ヤマト朝廷の正史による真正面からの否定です。

この日中の正史の共通の記事、それは朝鮮半島から北九州をみた方角記載と、北九州から朝鮮半島をみた方角記載の一致ですが、これはかの有名な『邪馬台国論争』を一瞬にして葬りさるものでしょう。現に、江戸時代の近世国学を代表する本居宣長は、『魏志』倭人伝の理解で「倭国」九州説をたて、その論拠を「大和はつくしよりは、すべて東をさしてくる所にこそあれ。」と述べています（一三九頁参照）。

すなわちかの有名な「邪馬台国論争」のうち「邪馬台国・キンキ説」および「東遷説」は、八

世紀、『日本書紀』編纂時に、すでに否定されているのです。いまから約一三〇〇年も前です。逆にいえば通説の「邪馬台国論争」は、『後漢書』倭伝以降、『旧唐書』倭国伝までの朝鮮半島からみた、「倭都」の方角記載、および「神功皇后記」の当該記事を無視したものに過ぎないのです。「倭国」の首都は、一世紀から七世紀まで北九州だからです。

三　なぜ日本古代史学はとりあげないのか

以上みてきたとおりいわゆる「邪馬台国論争」は、一三〇〇年前に決着がついているというのが、日中正史類の姿です。なぜこの事実を戦前・戦後の日本古代史の通説はとりあげないのか、実はここに『記・紀』の史観、絶対主義にたつ近世の水戸史学・国学以来の、通説・日本古代史学の性格とその問題点が示されているのです。

繰り返しますが、一世紀をあつかう『後漢書』倭伝から七世紀の『旧唐書』倭国伝まで七〇〇年間、卑弥呼の王朝・国家は、北九州に首都をおいていたという記事です。この北九州という方角を、「神功皇后紀」の新羅討伐記事が、いわば裏付けしているわけです。

これは「ヤマト朝廷一元史と史観」の否定です。つまりは七世紀以前の日本の王朝は、「倭国」であってヤマト朝廷ではないという〝日本史〟です。これはただ単に「日本古代史の真偽」という問題にとどまらず、「尊皇攘夷」の「尊皇」論の成否、これは近代日本社会成立の根本問題にかかわる大問題となるのです。実はここに「邪馬台国論争」の真の意味と意義、その重大性が示されているのです。

通説ではご承知のとおり「邪馬台国・キンキ説、九州・東遷説」の他に津田左右吉氏の「九州説・三世紀末ごろヤマト朝廷に滅ぼされた論」等があるだけでしたが、一九七〇年代以降、古田武彦氏の『「邪馬台国」はなかった』（朝日新聞社、その後、ミネルヴァ書房）や『失われた九州王朝』（出版社は前者同様）によって、明治時代の広池千九郎氏編修の『日本史学新説』以来、古代中國正史類の対倭交流記にたった正論が登場しました。しかし学者諸氏は今日もこの古田武彦氏の正論を完全に無視しています。

何故でしょうか。答えは明白です。日本の近代化はご承知のとおり、「尊皇・攘夷」をかかげて武家政権を倒して〝王政復古をした〟明治政府の確立であって、「尊皇論」は明治以降の政府とその支配の「日本史的正統化論」なのです。「万世一系の天皇制」の日本史論は、その思想と理論の心臓部であって、これを脅かし否定するものは断じて許容しがたい、これが明治以降の体制的思考です。明治以降の〝学問・日本古代史〟は、この考え方の学問的砦であるわけです。しかし古代中国正史類の「対倭」交流記、およびこれに照応する世界の科学的国家形成・発展論は、これを一瞬で否定してしまうのです。ここに近代日本古代史学が、古代中國正史類の「対倭」交流記否認に固執する理由と背景があるのです。

四　戦後日本古代史学の性格

戦後日本古代史学の開祖とされる津田左右吉氏のいわゆる「『記・紀』批判史学」、すなわち「神代史の新しい研究」（一九一三年・大正二、なお後に「神代史の研究」と改題）および同八年（一九一九）の「古事記及び日本書紀の新研究」（のちに「古事記及び日本書紀の研究」と改版）および昭和八年（一九三三）の「上代日本の社会および思想」などは、はたして真の〝『古事記・日本書紀』および皇国史観批判〟というに価するか、という問題です。

坂本太郎氏は、その著『六国史』（日本歴史学会編集、吉川弘文館、一九九四年、新装版第一版）で、津田氏のいわゆる「記・紀批判」にかんして、次のようにいわれています。

（津田氏は）「記・紀の記事は従来信じられてきたような歴史の記録ではなく、六世紀ごろ朝廷の官人が皇室の日本統治を正当化する政治目的をもって造作したものであるという結論に達したのである。これまでも若干の部分に作為や潤色のあることは認められていたが、このように全面的な作為を主張したのは、ここに始まる。発表の当時は時代の通念とあまりにかけ離れていたために、学会のうけいれる所とならなかったが、戦後は天皇制に対する批判の自由となった勢に乗じて、この説は俄かに学界を風靡し、いまは細部に異論はあっても、大局において定説となった感がある。そして戦後の書紀研究は、この津田氏の説を踏まえて出発することが、常識となっている。」（同書、一五五頁）。

たしかに『記・紀』は、ヤマト朝廷の日本統治を正当化する目的で編纂・普及されたものです。この点に限れば本書の立場との差異はありません。しかし、津田氏の「ヤマト朝廷支配の正当化論」の骨子は、『記・紀』の成立を六世紀ごろと云うに過ぎないのであって、真の「記・紀批判」でも、日本民族の国家形成・発展の科学的探究でもないと考えるものです。しかも津田氏の「記・紀批判」の中心が、日本神話ならびに神武記・紀等の否定におかれている点も、重大なところです。

なぜならば『記・紀』の神話は、日本国家形成期にかかわる弥生時代の史実の神話形式の伝承とおもわれ、しかも『記・紀』のそれらは古田武彦氏が指摘されるように、「倭国史とその文化・伝承」の、ヤマト朝廷による盗作と変形が考えられ、〝真の日本史の探究〟では、その正当な復元が本来は課題と考えられるからです。

さらに「神武の東征」も、その実、弥生時代に小氷河期に見舞われて、水田稲作が数百年間にわたって九州に閉じ込められ、この小氷河期が終息にむかう過程で、北九州と浜名湖を結ぶ線の南側で水田稲作が可能になり、人口過剰に苦しむ北九州・九州から、四国、本州瀬戸内側、キンキ方面に水田の適地を求めて移動が開始され、その一コマがいわゆる「神武の東征」であって、

「神武の東征」造作説は弥生時代の日本社会の現実の乱暴な否定の側面があって、津田氏式『記・記』の批判は再検討されるべきものです。にもかかわらず古田武彦氏以外、日本古代史学者諸氏はとりあげていません。ここにも戦後日本古代史学の「不可解」な姿があります。

なぜこうした特質を戦後の日本古代史学は帯びるのか、これが問題なのです。さきの坂本氏の引用文をみると、津田氏への戦後の評価が「俄かに……」起ったこと、それが「天皇制への批判の自由」という、戦後の日本の政治的な環境の変化から生まれたこと、これが戦前、裁判にかけられ、「出版自粛」に追いこまれていた、津田氏の「記・紀批判」の突然の復権の条件、ないしは情況と指摘されているわけです。

本来ならば、敗戦を踏まえて戦前の「皇国史観」史学に責任を負う、日本古代史学関係の教授諸氏が、戦後、集団的に自己検討をされ、その結果、学問論として戦前の津田説の正当性が、確認されたというのであれば頷けるのですが、当時、日本古代史学の著名な教授のお一人の坂本太郎氏でさえもが、「俄かに学界を風靡し……」といわれているわけです。「俄かに……」なのです。しかもこの「俄か……」の風は、「戦後は天皇制に対する批判の自由となった勢に乗じて……」〝吹いた〟、というのです。

これを読むと私は、戦後の「天皇の人間宣言」を思いだすのです。「現人神《あらひとがみ》」とされた天皇の〝人間宣言〟は、どんな力がそれをもたらしたのか、これを問えば、戦後の連合軍とその中心のアメリカ占領軍でしょう。実はここに戦後日本古代史学を考えるうえで重要な側面があると考えるものです。

イ　アメリカ占領軍と天皇制

それは連合軍、とくにその中心のアメリカ政府の、戦後の天皇制にもかかわる対日政策という問題です。連合国側には「天皇制」の存続にかんして多様な見解があり、またアメリカ国民の間にも、「天皇制は民主主義とは馴染まない」という、当然の声もあったようです。

しかし戦前のアメリカの駐日大使ジョセフ・クラーク・グルー（一八八〇〜一九六五）は、「天皇制護持」を戦後の対日政策の根幹とし、これにマッカーサー等も同調するなどして、戦後天皇制の護持・存続策が採用されたのです。もちろん日本政府等は「天皇制護持」です。

さてグルーの「天皇制護持存続論」の根底にあったものは、「万世一系の天皇制」論の前では、「日本人は羊のようにおとなしく、新しい環境、指令のもとでどのようにでも誘導され、つくり変えることのできる国民である。」（「中村政則氏著、『象徴天皇制への道』、四一頁、岩波新書、一九八九年、第一刷）とか、「日本の占領・支配を安定したものにするには、日本側の文民の協力を取りつけることが必要であろう。そのような協力を得るに際しては、天皇の権威を利用した方が、百倍・千倍もの効果が保障されよう。」（前掲書、一一五頁）、または「日本に民主主義を接ぎ木しようとしても、混乱に終わるだけでしょう。天皇制が日本人の生活の礎石であり、最後の頼みである限り、……健全な政治構造を打ち立てる時の土台として利用できるのです。」（同書、四六頁）という視点からです。当時、「ソ連」と対峙しつつ日本を極東の前線基地とする計画だったアメリカ政府の、いわば当然の対日政策でしょう。マッカーサーが「天皇は百万の軍隊に匹敵する。」といったのも、同様の立場からです。

同時に、きわめて重要な問題として、グルーには次の指摘がある点です。それは「万世一系の天皇制」という日本史論にかんしては、「軍国主義者を追放してしまえば、国家神道（万世一系の天皇制史観）の害悪も大部分は消え失せるであろう。君もよく知っているように、それは、すべて純粋に人工的につくりだされたものなのだ。」（前掲書、一五七頁。傍線は引用者）と、「万世一系の天皇制史」を、「すべて純粋に人工的につくりだされたもの」とも述べているところです。

この指摘と、『古事記・日本書紀』と古代中國正史類の、先述の「倭国の首都記載」の食い違いと矛盾を見合せるならば、見過ごすことのできない指摘であると、私はおもいます。同時に、つぎの発言は、戦後、津田氏の「記・紀批判」擁護の、〝俄かな風〟の正体と思います。

「しかしながら、神道崇拝が天皇崇拝を含む以上、将来、軍国主義者によって支配されず、平和を求める統治者（天皇）が皇位につけば、神道は負債というよりは資産となると考えることは、私には常識のように思える。しかし私がこういったからといって、日本の天皇は神であるという神話を維持せよと主張しているわけでは決してない。日本における軍人階級の権力と影響を永久に除去したならば、日本人の再教育を通じて、そのような偶像崇拝は破壊されなければならない。」（同書。五三頁。傍線は引用者）。

すなわち「天皇の神格化」は否定すべきものであって、津田氏の「記・紀批判」史学は、「日本人の再教育」の教材として、評価されたということと思います。これが坂本氏の言われる「戦後、天皇制への批判の自由となった勢いに乗じて、俄かに学界を風靡した」力の根源と思います。しかも津田氏は終戦の翌年（一九四六年）の雑誌『世界』四月号に、『建国の事情と万世一系の思想』という、論文を書かれています。氏は根っからの「万世一系論者」です。

ロ　古代以来の中国文化の否定者

また津田氏は、本居宣長等と変わりのない古代中国文化罵倒にたつ人物でもあります。同時にこれは「文明開化」期以降の日本人に、多かれ少なかれみられる傾向という面もあるとおもえます。

津田氏はその著、『シナ（中国）思想と日本』（岩波新書、初版一九三八年（昭和一三）で次のように放言しています。「シナ思想そのものが深い思索から出たものでなく、シナ語シナ文が思索に適しないものであるといふことが、注意せられねばならぬ。」（一九七五年、第二〇版、三九頁）。さらには「或る人が来て、『君は支那が嫌ひだといふのに支那のことをやっている、可笑しいじゃないか』といった。そこで僕は説明してやった。糞や小便をうまそうだともよい香だとも思ってはゐないが、それでも毎日それを試験管のなかに入れたり、顕微鏡でのぞいている学者がいる。」（家永三郎氏著、『津田左右吉の思想史的研究』、二二六頁、岩波書店、一九七二年、第一刷）などと、「漢籍無用論」を展開した人物の一人です。こうした古代以来の中国文化を蔑視し冷笑する姿勢は、一つは文明開化以来の日本の知識人等にみられる、古代中国文明への一面的評価と、もう一つの側面は、近世尊皇日本史論以来の、『記・紀』絶対主義的日本古代史論にたつ人々の、古代中國正史類の対日交流記否定との複合物と考えます。

ハ　蔑称「邪馬台国」と国号「日本」

こうした他民族の文化への根拠のない排他的攻撃と否定は、その人々をどこへと導くか、興味深い問題があります。それは「邪馬台国」と通説がよぶ〝国号〟は、はたして通説がいうような、当時の中国人が〝「ヤマト」の音をうつしたもの〟か、という問題です。

まずは卑弥呼の国家に、中國史上初めて使者を派遣した魏朝の、『三国志』魏志・倭人伝の倭国名は「邪馬壹（一）国」です。これを「邪馬臺（台）国」と表記した最初は、五世紀、范曄の『後漢書』倭伝です。その原文には、「其大倭王居邪馬臺国」（其の大倭王は邪馬臺（台）国に居る。）にすぐつづいて、「案今名邪摩惟音之訛也」（案じるに今の名、邪馬惟の音の訛れるなり）という注が添えているのです。

しかし何故か、学者諸氏はもちろん、その先輩の水戸史学・国学以来、『後漢書』倭伝原文のこの注釈に関して、国民に一語の説明もしていないのではありませんか。

國國皆稱王世世傳統其大倭王居邪馬
臺國 案今名邪摩惟音之訛也 樂浪郡徼去其國萬二千

『後漢書』倭伝、原文、写真版

おたずねしたい点の一つです。この范曄の注釈には、まぎれもなく「邪馬台国は、邪馬惟の音が訛ったものだ」とあるわけです。この〝邪馬惟〟の〝惟〟の意味は、私には不明です。〝惟〟の字を漢和辞典でみますと、①思う、②序、助字で「ただ、これ」の意があるとあります。しかし「ト」の音はありません。

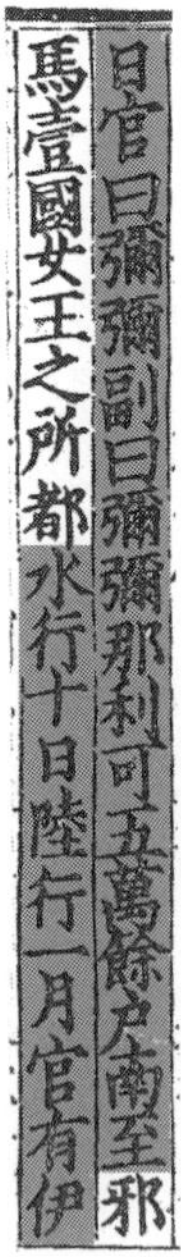
日官曰彌彌副曰彌彌那利可五萬餘戸南至邪
馬壹國女王之所都水行十日陸行一月官有伊

『三国志』魏志・倭人伝、原文、写真版

ところで陳寿の『三国志』魏志・倭人伝の倭国の呼称は、「邪馬壹（一）国」であって、「邪馬臺（台）国」ではありません。今日、知り得る文献によれば古代の日中交流で、その時の中國王朝の使者が、日本本土に来た最初は、この魏の時代であって、そのうえに立って記されている『魏志』倭人伝の信憑性は、きわめて高い点、さらに後述します。

この点、古田武彦氏の『「邪馬台国」はなかった』は、近世以来の通説的日本古代史の「邪馬台国論」の虚妄に、事実にたった科学的光をあてた最初の著書ですが、この著書で古田氏は、『三国志』魏志・倭人伝の原書では、「邪馬壹国」であって、「邪馬臺（台）国」ではない点、強調されています。

この指摘は正当にして重要です。すなわち卑弥呼とその国家・王朝は、自国を「邪馬壹国」と呼んでいたのです。この「ヤマ」とはわが弥生時代、多く分かれて各々自立し、あの環濠・木柵で防衛していた集落・クニ、すなわち日本的都市国家群が、一般的に自分の環濠集落をさして使われた、江戸時代以前の国（クニ、「国許」のクニ）の意でしょうか。こう考えますと「邪馬壹（一）」とは、弥生時代、日本の筆頭都市国家を意味するものとなります。

ところがこれに対して「臺」の字には、〝最低〟という意味がある点さきに指摘（九二頁参照）しました。

くりかえしますと「壹」と「臺」は、字形は一見、似ていますが、意味は正反対となるのです。すなわち三世紀には中国も「邪馬壹（一）国」と、卑弥呼側の自称をそのまま使っていたのですが、五世紀になると「壹（一）位のクニ」をあげつらって、「邪馬臺＝（最低）の国」と蔑称にかえたということです。「臺」字が最低の意味をもつ例は、先述（九二頁参照）しましたが、重要な問題ですから再度ここに述べます。それはさきにあげた『春秋左氏伝』の例です。

「天に（甲より癸までの）十日あるごとく、人にも十級ございます……中略……（十級とは）王の下には公、公の下には大夫、大夫の下には士、士の下には皁、皁の下には輿、輿の下には隷、隷の下には僚、僚の下には僕、僕の下には臺。」です。

『春秋左氏伝』は中国の有名な古典であって、古代中国の役人や知識人に知られた文献です。なぜ卑弥呼の国号、「邪馬壹（一）国」が「邪馬臺（台）」という蔑称に変えられたかは不明ですが、多分、五世紀の「倭の五王」の南朝宋との交流時ではないかとおもいます。理由は、倭国側の朝鮮半島への支配権の要求と、中国側の朝鮮諸国との諸関係との矛盾によるのではないかともいます。

「そんなこと素人のたまたまの思いつきに過ぎない。」、という声が聞こえてきそうです。だがしかし、厳然として「邪馬臺国」名は「訛ったもので、本来の呼称ではない。」という、『後漢書』の編者・范曄の指摘は動かず、〝邪馬台は、ヤマトの音の訛ったもの〟という通説の主張を、いささかも正当化するものはないことも、また確かでしょう。

実はそればかりではなく、この〝蔑称・「邪馬臺（台）国」呼ばわりこそが、国号・日本〟を誕生させる直接の要因という指摘までもが、歴代古代中国正史の「倭国伝」に明記されている（一七六頁参照）のです。問題は、この事実を系統的に無視・隠蔽してきた当のものが、近世・近代・

今日の〝学者諸氏の日本古代史学だ〟ということです。
ではなぜそれを明らかにしないのかを問えば、『後漢書』〜『旧唐書』倭国伝までの〝約七〇〇年間、倭都は北九州という記載〟を一切無視してきた理由と同じです。これを認めれば即座に、「万世一系の天皇制なる日本史」は終るのです。すなわち「ヤマト朝廷一元史」は、日本民族の歴史の真実を否定・隠蔽した、虚偽の歴史ということが明かになるからです。
それは明治維新の「尊皇」論はもちろん、その根底をなす『記・紀』に、日本史の事実はないことを認めることを意味するのです。古代中国正史類の対倭国交流記とは、そうした記録なのです。だからこそ近世以降の尊皇史家が「漢人の見聞之誤り」、「漢意を清くすすげ」、さらに「糞・小便」とむきになるのも、それが学問的に肯定できないことは明らかですが、明治以降の「日本史」の根底に、〝「万世一系論、記・紀」絶対主義〟という、中世キリスト教の『聖書』絶対主義という神学論的思考と同根の、〝信仰〟があるからだと考えます。

〈参考文献〉

『後漢書』東夷・倭伝
『三国志』東夷・魏志・倭人伝
『宋書』夷蠻・倭国伝
『隋書』東夷・俀国伝

『旧唐書』東夷・倭国伝、日本国伝
申叔舟『海東諸国紀』田中健夫訳　岩波文庫　一九九一年
『日本書紀』
『神功皇后紀』
古田武彦『「邪馬台国」はなかった』一九七〇年以降　朝日新聞社　その後、ミネルヴァ書房
古田武彦『失われた九州王朝』
広池千九郎編修『日本史学新説』（明治時代）
津田左右吉『記・紀批判史学』
『古事記および日本書紀の研究』
『建国の事情と万世一系の思想』雑誌『世界』　一九四六年
『シナ思想と日本』岩波新書　一九三八年
坂本太郎『六国史』吉川弘文館　一九九四年
中村正則『象徴天皇制への道』岩波新書　一九八九年
家永三郎『津田左右吉の思想史的研究』岩波書店　一九七二年
『春秋左氏伝』

第六章　『魏志』倭人伝の里程記事

『魏志』倭人伝の「里程記事」を二〇一三年の『岩波講座・日本歴史』（第一巻）は、「そのまま信用するとすれば日本列島内に位置づけることができない。この点は衆目の一致するところである。……」（一四二頁）と明言しています。

先述のように『後漢書』から『旧唐書』倭国伝まで、朝鮮半島南部からの倭都の地理的位置は明記されており、とくに『魏志』倭人伝では、「倭人は帯方の東南大海中にあり、山島に依りて国邑をなす。」と、明確に「国邑」（国都）という言葉が使われています。

『魏志』倭人伝は、丁寧にも倭は朝鮮半島の「帯方郡」、すなわち「今のソウル付近」（『中国正史日本伝（1）』、岩波文庫、一九九一年、第五四刷の註釈。三九頁）から、「東南大海中の〝島（九州）に国邑〟をおく。」と記して、そこにたって魏使の卑弥呼の都城・王宮までの道程と、その細かい里数を記しています。したがって「そのまま信用するとすれば日本列島内に位置づけることができない。……」などとなるなどは、断じてないはずです。以下これを検証します。

通説のこうした言い方が一見、通用するかにみえる環境整備をしてきたのが、江戸時代以来の通説の古代中國文献否定の歴史と文化ですが、その真意は、ここの場合、すでに指摘したとおり「朝鮮半島（帯方）東南大海中の島」記載が受け入れがたい記述なのです。これでは「島」は九州であって、キンキ地方でないからです。もし「帯方の、東方大海中の島に国邑をなす」とあれば、「これはキンキだ」と満面の笑みだったのでしょう。

だがしかし『魏志』倭人伝の地理的記載は、『日本書紀』神功皇后記の北九州から新羅をみる方角記載と、見事に対応している点は指摘しました。

一　古田武彦氏の『「邪馬台国」はなかった』にたって

こうして『魏志』倭人伝の地理的記載は、『紀』の九州から朝鮮半島をみる方角記載と照応するのですが、『魏志』倭人伝の魏使が「郡」、すなわち今日のソウル付近から出発して、それが北九州に見事におさまる事実をはじめて明らかにされたのが、古田武彦氏の著名な著書、『「邪馬台国」はなかった』であって、その「里程」理解をここに述べます。

『「邪馬台国」はなかった』が世にでるや、戦後の〝一大国民的論争の観〟のあった通説的「邪馬台国論争」は、燃え盛る焚火に水がかけられたように、ほとんど一瞬にして消え去りました。古田氏の『魏志』倭人伝の里程記事に事実にもとづく批判があれば、氏に堂々と述べられるべきでしたが、正面からの反論はありませんでした。しかし同時に日本古代史学の諸先生は、古田氏のこの正論を約半世紀以上も無視しているわけです。その態度や姿に「事実にたって、真実を探究する」学問との共通性がある、といえるでしょうか。

グリムやアンデルセンの童話では、一晩中子どもを苦しめた魔物たちは、夜明けの一条の光がさすやウソのように消えていく、どこかあれに似ているのですが、日本古代史のそれはアンデルセン等の童話の豊かさはなく、暗く陰険なものにおもえます。

陳寿の〝筆法〟

先述のとおり通説は、『魏志』倭人伝の文章を全面的に否認するのですが、それは『魏志』倭人伝の〝文章が読めない〟からだということでもあります。より正確には、「読む気がない」とも言えます。

古田氏によれば通説の学者諸氏は、驚くなかれ『三国志』を読まないで、「倭人伝」部分の「写真版」だけで、延々たる「邪馬台国論争」を展開してきたと指摘されています。その写真版とは、南宋の紹興年間（一一三一〜六二）に刊行された「紹興本」の、「魏志」倭人伝部分と指摘されています。

古田氏は日本で八方手を尽くしてこの紹興本を「探索」されて、わが国の「邪馬台国論争」で学者の本に掲載されている『魏志』倭人伝の写真版は、長沢規矩也《きくや》氏が、「戦前の上海の商務印書館・涵芬楼に実地にいって、研究しておられた際に、この本（紹興本）の実物に接せられた。帰国に際して『倭人伝』部分の写真を所望されたところ、帰国後その写真が送られてきた。のちに、橋本増吉は自著『東洋史上から観《み》たる日本上代史──邪馬台国論考』を出版するにあたって、長沢さんよりこの紹興本（「倭国伝」の写真版）を借りうけ、大著の巻頭を飾った。

以後、多くの『邪馬台国』研究書はこの写真版を転載することとなったようである。」（『邪馬台国』はなかった』、三四頁、角川文庫、一九八〇年、第四版）という有様です。

しかも今日、日中をふくめて最良の『三国志』の版本は、紹熙本《しょうきぼん》という、日本の皇室書陵部が現蔵しているもので、古田氏の「邪馬台国」研究は、このテキストによっている、とあります。

この古典研究上での通説の学者諸氏の態度は如何でしょうか。しかもこのなかには石母田正氏のように、自他ともに〝マルクス主義者〟という学者も含まれています。私は、マルクス主義者を自認するほどのものならば、基本の文献も読まないなどはゆるされない態度と思います。

こうして『三国志』魏志・倭人伝を云々しながら、『三国志』もその「夷蛮伝」をも読まず、研究せず、もっぱら〝紹興本〟の「倭人伝」の写真版のみで、「邪馬台国」を論じるのでは、「日本列島内に位置づけることができない。この点は衆目の一致するところである。」といっても、それは学者諸氏の「身から出た錆」であって、「中国語や中国文は、人の思惟を導きえない。」などという人のお説等を、師と仰いでの研究が暗礁に乗り上げても、とくに不思議はないのではありませんか。

さて古田武彦氏の解明です。氏は当然ながら、「原文改定への道にけっして逃避しない。地名比定を先にせず、まず倭人伝の行路記事を、『三国志』全体の表記法を正確に守りつつ、読み進むことを堅持」（前掲書、二一〇頁）という方法ですすむといわれています。すなわち陳寿の「筆法」

を尊重して読むということです。云われてみれば当り前のことです。

①『魏志』倭人伝の里数記載　その一

そもそも『魏志』倭人伝では、「郡（郡治はソウル付近という）より女王国に至る万二千余里」と、その総距離の里数が最初に記されています。そしてこの総距離は三つの部分に分かれています。

＊総距離……「一二〇〇〇余里」
①帯方郡治から朝鮮半島南端の狗邪韓国まで　七〇〇〇余里
②狗邪韓国から「末盧国」（北九州・松浦）まで　四四〇〇余里
③「末盧国」から「女王の都」まで　六〇〇余里
合計　一二〇〇〇余里

すなわち日本本土内は、「松浦」から女王の都まで、わずかに「六〇〇余里」です。ソウル付近という「郡治」から、朝鮮半島南端の狗邪韓国（釜山とする）までが、七〇〇〇余里、これは卑弥呼の首都・王宮までの里数・一二〇〇〇余里の約五八パーセントです。これが朝鮮半島の通過距離と書かれているわけです。そのうえに釜山から対馬・壱岐をとおって松浦まで、「渡海」部分だけで「三〇〇〇余里」、合計一〇〇〇〇余里です。

残りは二〇〇〇余里、すなわち総距離の一七パーセント弱です。

②里数記載　その二

次に『魏志』倭人伝の実際の記述にそって、この点を確認します。そこで問題になるのが『魏志』倭人伝の一里は何メートルか、という問題です。古田氏は『「邪馬台国」はなかった』で、『三国志』の「韓伝」に、「韓は帯方の南にあり。東西は海を以て限りをなし、南、倭に接す。方四千里なるべし。」とある点を根拠とされ、今日の朝鮮半島南岸の東西の距離数から、『三国史』魏志・倭人伝の一里は約七五メートル〜九〇メートルで、七五メートルに近い数値」（前掲書、二五七頁。角川文庫）とされました。これに対して漢の「長里制」を参考までにいえば、「一里＝約四三五メートル」です。通説は、この古田氏の計算の、いったいどこに問題があるのか、沈黙のままで、しかし否認の態度は変えないのです。

なお補足すれば、天文学者の谷本茂氏がその論文・「中國最古の天文算術書『周髀算径』之事」（『数理科学』、一九七八年、三月号）で、中國最古の天文計算式を記している『周髀算径』の、天文計算の単位が「短里」（約七六〜七七メートル）という研究を発表されたわけです。

そこにたって谷本氏は、古田武彦氏著、『邪馬一国の証明』（角川文庫、一九八六年、第五刷）に、「解説にかえて」――魏志倭人伝と短里『周髀算径』の里単位――という一文を書いておられます。にもかかわらず日本古代史関連の学者諸氏は沈黙しています。しかしやはり、本来、自然科学的研究の成果、到達点は重要とおもいます。

谷本氏が明らかにされたことは、陳寿の『三国志』の、一里約七五メートルという単位は、中國最古の天文観測の里単位と同じだということです。すなわちその時代、中國では一里約七五メートルという「短里制」があったということと考えます。これが第一です。

つぎは古田氏が明らかにされた魏使の行進記事にかんする記載のルール、すなわち陳寿の『三国志』魏志・倭人伝の筆法・文章上の特徴という問題です。それは帯方郡治を出発した魏使たちの、「倭国」への通過通路（以後、主線行路という）の記述の場合、〝主語＋動詞＋到〜至＋里数〟が一々明記され、主線行路を進行しつつ、その周辺の国等の記述の場合、動詞および里数がなく、「到〜至」が記されているという点です。これはたとえで言えば、観光バスや遊覧船では、出発点から行先は一本の線ですが、その進行中にガイドさんが、周辺の地理・故事等の紹介をする、あれです。したがって主線行路の里数の合計は、「一万二千余里」にピッタリ合うという文章構成になっている、という古田氏の指摘です。

ところが学者諸氏は先述のとおり、長沢規矩也氏が上海で見つけた、紹興本の「倭人伝」の写真版一枚で、延々たる「邪馬台国論争」を行なってきたわけです。したがって「『魏志』倭人伝の記載は、そのまま信用するとすれば日本列島内に位置づけることができない。この点は衆目の一致するところである。……」という結果になっても、それは従来の学者諸氏の探究上での問題であって、陳寿とその『三国志』とは〝なんの関係もない〟、という結果になるのではありませんか。以下、実地に『魏志』倭人伝の当該部分の検証をしましょう。なお引用文の頭につけた番号は引用者が都合でつけたものです。

①「郡より倭に至るには、海岸に循《したが》って水行（動詞）し、韓国を歴《へ》るに、乍南し、乍《たちま》ち東し（「乍南乍東」とは練り歩く行進、威示行進。古田説）、その北岸（倭国の北岸、朝鮮半島南部南端部分は、かっては「倭地＝日本領」）狗邪韓国に到る七千余里。」（動詞・水行、到、七千余里）。なを「韓国を経て」とは、「上陸し」の意です。

②「始めて一海を渡る。一千余里。対馬国（対島）に至る。」（動詞・渡る。……一千里……至）。

③「大官を卑狗……副を卑奴母離という。居る所絶島、方四百里ばかり……道路は禽鹿の径の如し……」（歩行、後述）

④「また南一海を渡る。千余里……一大国（壱岐）に至る。」（動詞・渡る。千余里。至る）

⑤「官を卑狗といい……方三百里ばかり。」（歩行、後述）

⑥「また一海を渡る千余里。末盧国（唐津付近？）に至る。」（動詞・渡る。千余里。至る）

⑦「東南陸行五百里にして、伊都国に到る。」（動詞・陸行、五百里、到る）

⑧「東南奴国に至る。……二万戸余あり。」（この行、動詞、里数なし。幹線の周辺説明、記載理由は、二万余戸にあり）

⑨「東行、不弥国に至る百里。……」（動詞・東行＝東に行く。至る。百里）

⑩「南、投馬国に至る。水行二十日……五万戸ばかり。」（動詞、里数なし。「至る．水行……」は、船旅で廿日間で至る」の意。傍線行路）。この行の意味は五万余戸という周辺説明。

⑪「南、邪馬壹（一）国に至る。女王の都する所。水行一〇日、陸行一ケ月」。この⑪には、〝動詞も里数もない〟と言えないことは、この一行が①〜⑩までを受けたものだからです。

さて○をつけた引用文のうち、③⑤は動詞も至も里数もありません。また⑧と⑩には動詞、里数がありません。したがってそれをのぞいた①②④⑥⑦⑨の里数の合計を別途示せば、以下のとおりです。

①「帯方郡〜狗邪韓国（釜山）」　七千余里　⑦「東南陸行、五百余里、伊都国に至る。」

②「狗邪韓国〜対馬国（対島）」　一千余里　⑨「東行、不弥国に至る。百余里」

④「対馬国（対島）〜一大国（壱岐）」　一千余里

⑥「壱岐〜末盧国（松浦）」　一千余里

以上の合計は一万六百余里であって、一万二千余里に対して一千四百余里の不足です。この問題にたいして古田氏は、見事な解決の道を示されています。それは③対馬と⑤壱岐の記載の「方四百里」（対島）と、「方三百里」（壱岐）という記述です。この「方」は面積の表現方法ですから、対馬と壱岐の当時の役所などのある中心的な「町」の規模の、面的な概算的表現と考えられるわけです。となれば一定の算定基準とその方法が問われますが、魏使等はこうした面積計算の方法として、「歩測」をしたと記しているわけです。

つまりはその島の主な村落の規模・面積を、「歩測」という方法で測ったと記しているわけですから、「方四百余里」は八百余里、「方三百余里」は、同様に六百余里を歩いたということになります。したがって、この二つの島の進行里数の合計は、一千四百余里となります。これを先の「一万六百余里」に加えれば、ピッタリ「一万二千余里」となるという見解です。

なお⑧⑩にも動詞・至～到、里数がありません。すなわちこの二つの文章は幹線ルートではなく、周辺案内的意味の文書なのです。なぜそんな文書がここにあるのかといえば、その戸数です。後述するとおり卑弥呼の首都・都の人口規模は「七万余戸」とあります。次が⑩の「南、投馬国は五万戸余」、この次が「東南奴国に至る。……二万余戸」です。すなわち『魏志』倭人伝は、卑弥呼の首都の人口規模に次ぐ大国がどこかを書いているのです。これに不思議はないでしょう。

そうして帯方郡治より「女王の都するところ」までの、船旅と歩行の日数・時間を記して、「水行、一〇日、陸行、一ヵ月」と記しているわけです。ただし「水行」部分は、「郡より倭に至るには、海岸に循《したが》って水行し、韓国を歴《へ》るに……」部分の「水行」里数が不明のため正確な一日当たりの航海距離は不明ですが、「陸行」部分は一日当たりの平均行進距離の計算ができる文章になっています。

つまり松浦に上陸以後の魏使の歩行距離は、⑦「東南陸行五百里にして、伊都国に到る。」と、

⑧「東行、不弥国に至る百里。」という記載だけであって、合計わずか「六百余里」（約四五キロ・メートル）です。これが『三国志』魏志。・倭人伝の、「日本列島内の行進距離」であって、「日本列島内に位置づけることができない。……」などと言うことにはならないわけです。

ただこの事実を認めれば『古事記・日本書紀』の「日本史」も、それを絶対としてきた近世〜近代日本の日本古代史とその史観も、終りを迎えるわけです。

つまりは近世以降の「尊皇・日本古代史とその史観」の終焉になるのです。これは『記・紀』史観絶対主義の通説、それをイデオロギーとする社会にとっては、〝絶対に認められない〟。その故に、〝古田武彦氏の『魏志』倭人伝の里程論は、絶対に認められない〟、これが学者諸氏の「日本古代史」論の心底ではありませんか。だとすれば学問の終焉ですよね。

すなわち真実を探究するのが学問のはずが、特定の〝史観＝イデオロギー〟を絶対として、これに反するものは否定するわけです。いわば『聖書』の天動説を絶対として、地動説を否認した一七世紀のローマ公教会と、本質において共通の態度です。日本人は自分たちを「文明開化」の社会の住人と考えているわけですが、その実、日本社会とその歴史の探求では、一七世紀のローマ公教会と同様に、恣意的な見地と観念が国家と憲法の名において、君臨している社会でもあるわけです。

これこそが「日本列島におさまらない」などの主張の真の動機であり、その根源と思います。

結局、日本古代史で問われているものは、ヤマト朝廷一元史観か、実際の日本民族の歴史の探求か、すなわち複数的王朝の存在およびその交代史か、であって、これは、日本人の歴史は世界の例外・「万邦無比」か、それとも人類共通の普遍性を共有するものか、という問題に収斂していくと思います。

キンキ論者の小林行雄氏は、その著『古墳時代の研究』で、「邪馬台国の位置の推定のためには、『倭人伝』に事実として記された内容には、一字一句の疑いをもいだかないという立場をとれば、邪馬台国の所在地としては、当然、九州説をとるほかはないのである。」（七八頁）と明言しています。

同様に、本居宣長も、その著『馭戎概言』で卑弥呼にかんして、「筑紫の南のかたにていきほひある、熊襲のたぐひなりしもの……」と九州説を展開しつつ、先述のとおりに九州説をとる所以を次のように述べています。「かの国の帯方郡より、女王の都にいたるまでの国々をしるせるは、かのかしこの使の、大和の京へまいるとて、へてきつる道の程をいへる如くに聞ゆめれど、よく見れば、まことは大和の京にはあらず、いかにといふに、まづ対島、一支《いき》、末盧、伊都までは、しるせる如くにて、たがわざるを、其次に奴国・不彌国・投馬国などいへるは、漢呉音はさらにもいはず、今の唐音をあてても、大和の道には、さる所の名共あることなし。

又、不彌国より女王の都まで、南をさして物せしさまにいへるもかなわず、大和はつくしよりは、すべて東をさしてくる所にこそあれ。」。ここには「ヤマト朝廷一元史観」の心情があざやかでもあります。「日本の都は、キンキ大和だ。〝九州からは一路、東だ〟というわけです。したがって『魏志』倭人伝を率直に読めば、九州説に立つこと自身、当然であり、なかでも古田氏の「短里論・北九州説」は正当な見解です。にもかかわらず、二〇一三年の「岩波講座・日本歴史」(第一巻)の「日本列島におさまらない」云々は、従来の通説の「九州論」はおろか、近畿説の代表者・小林氏の引用した、「文献的には九州」をさえも否認するものです。ここに古田氏の北九州説提出以後の、「邪馬一国」論争の到達点があるとおもいます。

二　卑弥呼の首都と王宮

さて、倭国の首都の姿です。まずは「女王国以北には、特に一大率を置き、諸国を検察せしむ。諸国、これを畏憚す。常に伊都国に治す。」とあります。伊都国にかんしては、「糸島郡深江付近」(石原道博氏編訳、『中国正史日本伝』(1)、四一頁)とあります。この「一大率」とは軍隊か警察とおもわれますが、これを諸国が〝畏憚《おそれはばかって》〟いるというのですから、「倭国」権力の中枢でしょう。これが常に北九州の糸島郡付近に本部をおいているというのですから、卑弥呼の政府・王宮は、そのすぐ近くに決まりきったものでしょう。まさかいまから約一八〇〇年も前に、首都はキンキ・ヤマトで権力装置の中心は北九州などと云うのは、今日の日本政府の姿をみても論外のことでしょう。

また「その法を犯すや、軽き者はその妻子を没し、重き者はその門戸、および宗族を没（滅）す。」とあって法がしかれ、「国中において刺史（地方長官）の如きあり。」とあり、また「租税を収む。」と、この国家には税制が確立されており、「国々市あり、有無を交易し、使大倭、これを監せしむ。」ともあり、その国々には市があってさかんに売り買いが行なわれ、それを使大倭と称される役人が監視しているともあって、この社会が経済的にも法的にも制度的にも、国家の段階に達している姿が記されています。

また「王、使を遣わして京都（魏の首都・洛陽）・帯方郡（郡治）・諸韓国に詣り、および郡（帯方郡の使者）の倭国に使するや、皆津に臨みて捜露し、文書・賜遺の物を伝送して女王に至らしめ、差錯するを得ず。」（傍線は引用者）とあるところから、中國（ここでは魏朝）、帯方郡（郡治）・諸韓国との相互交流では、その文章や贈り物を皆津で検閲し、文書・賜遣の物を女王に届け、間違いが起きないようにする処置がとられている」とあるところから、三世紀の倭国の政府と知識人は、すでに漢字の読み書きができたという、日本古代史の探究・解明上できわめて重要な記述が、漢字を創造した古代中國人によって行われています。

これにかんしては上田正昭氏も、その著『東アジアと海上の道』（明石書店、一九九七年、初版第一刷）で、「弥生時代後期の外交が文章によって行われていたことは、『三国志』の『魏志』の東夷伝倭人の条に、『文章・賜遣の物』による交渉を記すのにも明らかである。」(同書、一五頁)と述べています。ただし氏の場合は、「倭国」はヤマト朝廷とされていますが……。

この三世紀、「倭国」の漢字使用にかんする記載は、『日本書紀』の実態を明かにするうえで大きな意味をもつ点、後述します。

それればかりではなく、「倭国・卑弥呼の国家」の首都と王宮の姿も記されています。卑弥呼の首都の人口規模は「七万余戸」とあります。当時の戸当たりの平均家族数は不明ですが、これを今日風に「一家族四人」で計算しても二八万人です。しかし、当時一家族の平均値が四人などと言う少ない人数とはおもえません。実際は三〇〜四〇万人を優に超える人口規模とおもいます。問題は三世紀、キンキ・ヤマトのどこに、こうした人口規模の都市があったのですか。これは「日本古代史」探究の基本問題と思います。

その王宮の姿も記されています。「宮室、楼観、城柵、厳かに設け、常に人あり、兵(武器)、を持して守衛す。」です。ここでは宮室もさることながら、「楼観(物見やぐら?)、城柵」が印象的です。中国・ヨーロッパ等の旧大陸の古代国家の首都等は、巨大な城壁と物見やぐらが聳えたっていますが、「倭国・卑弥呼」の首都は、わが弥生時代の集落の濠や木柵がめぐらされ、さらにそこに弥生式物見やぐらと思われる、「楼観」が聳えるという記述が印象的です。

この記事が伝えるものは、魏・中国の使者がその目で弥生式木柵に囲われ弥生式物見櫓がそびえ、そこにたった卑弥呼の王宮をみていたということとおもいます。

その王宮の規模を考えるうえで重要な記述は、「王となりしより以来、見るある者少なく、婢千人を以て自ら侍らしむ。」です。ここには「婢」とありますが、これは卑弥呼を、「鬼道に仕え、よく衆を惑わす」という記載同様に中国側の間違いで、卑弥呼は古代琉球の女性神官の長官「ノロ」(古代沖縄では〝祈る〟の意。本土では〝のろう〟の用法がある)などと同様に、託宣をするのが業務であったということとおもいます。

これを古代国家としては珍しく、自分たちの祖先を神とする以外に神社も寺もない、すなわち宗教色のほとんどない古代中國文化では、託宣は「衆を惑わす行為」とされたのではないかとおもいます。しかし倭国の宗教の実態は、古代琉球と同じように女性神官が宗教をささえ、卑弥呼はその長官であって、そのまわりには多くの女性神官がいた可能性が考えられます。

それがその全部か否かは別にして「婢千人」の実態ではないかとおもいます。しかし、ここで重要なことは、この「千人」が活動し、寝泊りする空間が、卑弥呼の王宮にある以上は、その王宮の規模は断じて小さくはない、という点です。人間、千人がただ寝泊りする空間だけを考えても、大きなものでしょう。こうした規模の「宮《みやこ》」を天皇一代の治世ごとに(十年未満の在位も多い)、奈良県内各地や大阪などに点々と建て替えられるかを問えば、不可能でしょう。

要するに『三国志』魏志・倭人伝が伝える倭国の卑弥呼と、その都城と王宮・首都の姿は、その地理的位置とともに、『古事記・日本書紀』が伝える、「日本の王朝・国家は、ヤマト朝廷ただ一つ」という日本史とは正反対で、〝倭国はヤマト朝廷に先行し、真に日本古代文明と国家形成の最初を切り開いた王朝・国家だ〟ということです。すなわち真実の日本古代史では、いわゆる〝天皇制は日本社会の伝統論、およびその史観と社会観は否定される〟のです。すなわち戦前・戦後の日本国憲法第一条は、日本民族の真の歴史を無視・否認したものであるわけです。

三　太宰府は「倭国」の都城・首都

以上ですが、『魏志』倭人伝の記載は正確であって、「末盧国」すなわち今日の「名護屋か唐津付近であろう」（石原道博氏編訳、『中國正史日本伝（1）』、四一頁）とされる地点から、約四五キロ余付近といえば、おおむね福岡県太宰府市の太宰府こそは、倭国の首都・卑弥呼の王宮の所在地と考えられます。この太宰府論の最初は、古田武彦氏であり、それにつづいて内倉武久氏著『太宰府は日本の首都だった』（ミネルヴァ書房、二〇〇一年、初版第二刷）です。

〈参考文献〉
『岩波講座・日本歴史』第一巻　二〇一三年

『魏志』倭人伝
『中国正史日本伝　1』岩波文庫　一九九一年
『宋書』倭国伝
上田正昭『東アジアと海上の道』明石書店　一九九七年
石原道博氏編訳『中國正史日本伝』(1)
内倉武久『太宰府は日本の首都だった』ミネルヴァ書房　二〇〇一年
橋本増吉『東洋史上から観たる日本上代史―邪馬台国論考』
古田武彦『邪馬台国はなかった』角川文庫　一九八〇年
谷本茂「中國最古の天文算術書『周髀算径』之事」数理科学　一九七八年
古田武彦『邪馬一国の証明』角川文庫　一九八六年
小林行雄『古墳時代の研究』
本居宣長『馭戎概言』

第七章　「倭の五王」は卑弥呼の王朝

一　『宋書』倭国伝と戦後の古代史学

戦後の「日本古代史」では、「卑弥呼」に次いで登場するのは「倭の五王」です。いわゆる古墳時代の日本史です。戦後日本古代史は、周知のように「巨大前方後円墳・ヤマト朝廷造営論」をかかげて、「五世紀、大王の世紀」等々と主張して、「倭の五王」にかんしてもヤマト朝廷としています。

しかし「倭の五王」の記録を唯一残している『宋書』倭国伝を素直に読めば、この「五王」たちは、卑弥呼の後継王朝というのが唯一、正当な理解である点は、すでに古田武彦氏が、『失われた九州王朝』等で詳細に述べておられる通りです。その点を私なりに述べます。

そもそも『記・紀』には、卑弥呼も「倭の五王」も一字ありません。これらは古代中國正史類にだけある記録です。にもかかわらず、戦後、平然と「卑弥呼や倭の五王」をヤマト朝廷と主張するのは、本来、学問的にどんな根拠にたつのか、学者の方々におたずねしたいところです。

その際、「多くの学者が研究の結果、この見地で一致している。」式答弁は、お断りいたします。卑弥呼や「倭の五王」の記録は、歴代中国の「倭国」交流記事にしかなく、学者が日本史考察でその史観を絶対とする、『古事記・日本書紀』に一字もないのは何故か、この説明が基本だからです。

こうして古代中国・正史類の記述にたつ時、「倭の五王」の都城は〝太宰府〟という、通説にない日本古代史論に立つ以外、科学的見地はあり得ないのです。

そうして現に今日も、福岡県太宰府市の太宰府（通説は大宰府）・「政庁跡」といわれる遺跡に、「都督府古跡」と刻まれた大きな石碑がたっています。

いったい「都督府」とはなんでしょうか。

『宋書』倭国伝には、「讃死して弟珍立つ。使を遣わして貢献し、自ら使持節都督倭・百済・新羅・任那・秦韓・慕韓六国諸軍事、安東大将軍・倭国王と称し、表して徐正せられんことを求む。」とあります。つまりは「都督府」とは正式には〝使持節都督倭・百済・新羅・任那・秦韓・慕韓六国諸軍事・安東大将軍・倭国王府〟であって、「都督府」とはその略称でしょう。つまりは〝倭国王府〟、すなわち「倭国王」の王宮でしょう。したがって「倭の五王」が通説の云うように「ヤマト朝廷」というのであれば、この「都督府古跡」の石碑は、キンキ・ヤマトのどこかになければならないのではありませんか。しかし、この石

石碑・「都督府古跡」

碑は今日も、太宰府の都府楼跡と称される場所に立っているわけです。しかも述べたように、これは『宋書』倭国伝の首都の地理的位置の記載とは、全く矛盾がないのです。

①『日本書紀』も記す

したがって『日本書紀』に、通説の「倭の五王・ヤマト朝廷説」とは矛盾する記載があるのも、〝不思議はない〟ことになるのです。それは『日本書紀』持統紀五年春正月の次の一節です。

「詔《みことのり》して曰《のたま》はく、直廣肆《じきくわうし》筑紫史益《つくしのふびとまさる》、筑紫太宰府典《つくしのおほみこともちのつかさのふびと》に拝《め》されしより以来《このかた》、今に二十九年。精白《あけらけ》き忠誠《まめこころ》を以て、敢えて怠情《たゆ》まず。是の故に、食封《へひと》五十戸《ぃそへ》・絁十五匹《ふとぎぬとおあまりいつむら》・綿二十五屯《わたはたちあまりぃつもぢ》・布五十端《ぬのぃそむら》・稲五千束《いねいつちつか》賜《たま》ふとのたまふ。」(『日本書紀・下』、五〇八頁)です。

この記事の重要なところは「持統五年」(六九一)から二九年前、すなわち〝六六二年に「筑紫太宰府典」がいた〟、という点にあります。

したがって通説の太宰府研究者の田村圓澄氏が、「……持統五年条には筑紫大宰府典の二九年間の恪勤を賞した記事が見られることから、大宰府は六六三年に成立したともいわれているが、とすれば、中央官制さえも整備されていない段階にすでに四等官制を備えた官司が成立していたことになるなど、これには検討を要する点が少なくなく、ただちに従うことはできない。」(田村圓澄氏編、『古代を考える　大宰府』、五八頁、吉川弘文館、一九八七年、第一刷)とされるのも、ヤマト朝廷一元史観絶体主義の戦前・戦後の、〝学問〟日本古代史の視点からは不思議はないでしょう。しかし真実を探究する見地からは、この持統紀の記事の性格・出所を問題にしないのは、不可解です。後述する『記・紀』編纂を命じた天武天皇の詔で、その真相を目の当たりにできると思います。

②「倭の五王」記載は『記・紀』にない

しかも戦後に、通説がかかげる「倭の五王」記事も、また『記・紀』には一語もありません。つまり古代中国正史類の対倭交流記と、『記・紀の日本史』との矛盾という問題です。しかもそれは当然で、『新唐書』日本伝に詳細に記されている、遣唐使が唐朝に述べた〝日本史〟には、後漢と倭国の交流記事も卑弥呼も、もちろん「倭の五王」の南朝・宋との交流記も一語もなく、にもかかわらずヤマト朝廷は、自分を「古来、日本唯一の正統王朝」と主張しているわけです。これにたいして唐朝は、「歴史の事実を無視したもの」と厳しく批判しています。ところがこの文献的事実は、戦前戦後の大学の日本古代史学関連では、完全に無視されているのです。この『宋書』倭国伝と「記・紀」の矛盾にたいして戦前は、『記・紀』絶対主義の見地から、『魏志』倭人伝や『宋書』倭国伝の記事は、全面的に否定されていたのです。そうしなければ「ヤマト朝廷唯一正当王家」という、日本史が崩壊するからです。

（イ）『大日本史』外国伝「序」（水戸史学）

「自隋以前、秦漢之裔、雖有帰化者、而未聞有通使者……」（隋より以前、秦・漢の裔《あと》、帰化の者ありと雖も、未だ使者、（中国と）通じたとは聞かず。）

（ロ）国学を代表する本居宣長（『馭戎概言』）

◎卑弥呼について、

「皇国の御使に非ず。筑紫の南のかたにていきほいある熊襲のたぐいなりしもの」

◎「倭の五王」について

「天皇に讃・珍・済・興・武などと申す御名あることなし。……松下氏（松下見林著、『異称日本伝』をさす）此の天皇たちの御名々々を、おのおのかの讃などいへる名どもに当てたれど、……いささかも似つかぬしひごとなり。」

これは『古事記・日本書紀』絶体主義からは当然です。これが戦後、いわゆる「皇国史観批判」の波で、「日本神話・神武の東征」などが、「偽造の説話」とされた結果、あらためて〝学問的体裁〟で、ヤマト朝廷一元史を構築する必要にせまられて、戦前の白鳥庫吉氏と内藤湖南氏のいわゆる「邪馬台国論争」や、江戸時代の尊皇日本史家・松下見林の『異称日本伝』の、「倭の五王・ヤマト朝廷」論、さてはこの「ヤマト朝廷論」を否定している、明治時代の著名な学者の那珂通世氏の「倭の五王・ヤマト朝廷」論（点線は引用者）までもがもちだされ、戦後、「卑弥呼・ヤマト朝廷の始祖説、倭の五王・ヤマト朝廷論」が、新たに構築されたわけです。それが戦後の「邪馬台国論争」であり、「倭の五王・ヤマト朝廷論」です。

興味深いのは「倭の五王・ヤマト朝廷論」の否定者の那珂通世氏の議論が、「讃・仁徳説の嚆矢の一つ」とされるという珍奇な例です。その〝論理〟には実によく通説的性格、すなわち〝「事実の探求」より主観主義的「御都合主義」〟の見地がにじみでています。

「コレラノ貢献除授ノ事（『宋書』倭国伝、「倭の五王」の記事を指す）ハ、国史ニ聊カモ見エザルノミナラズ、畏クモ我ガ天皇タチノ、支那（中國）付近ノ諸小蕃ト等シナミニ、都督将軍ナド云ヘル官爵ヲ受ケ給フベクモアラザレバ、倭王ノ使ト云ヘルモ、皇朝ノ御使ニハ非ザリシコト論ナシ。……中略（ここには宣長の『馭戎概言』の〝『宋書』倭国伝の記事は、朝鮮半島に派遣された日本の将軍たちが天皇の名で宋朝に使者を派遣し、宋朝はこれを本当のヤマト朝廷の使者と錯誤したもの〟という説が肯定的に引用され、それを踏襲しつつ驚くことに「倭の五王」にかんしては、次のように云われています。

「但大日本史ニハ、『自隋以前、未聞有通使者』ト云ヘレドモ、応神天皇ハ、阿知ノ使主等ヲ晋ノ国ニ遣シテ縫工女ヲ求メシメ給ヒ、……略……、仁徳天皇ノ御代ニハ、宋ノ国朝貢シ、雄略天皇ノ六年ニモ宋人朝貢シ……略……此ノ頃皇国ト支那トノ間ニ交通アリシコトハ、疑ベカラズ。」

（那可通世氏著、『外交繹史』、五四五頁、岩波書店、一九六〇年。傍線は引用者）とされ、当時の中國・南朝がヤマト朝廷に「朝貢」、すなわち「臣下の礼をした」とされています。がしかし中國南朝が、五世紀当時ヤマト朝廷に、「朝貢」したなどという『日本書紀』の記述もさることながら、これを肯定する明治期の日本古代史の体質も、特異なものというべきではありませんか。

③五世紀・中國南朝の都城

この『日本書紀』の応神〜雄略紀の中國・南朝が、ヤマト朝廷に「臣下の礼をした」という記事を、「……疑べカラズ。」などという主張を肯定できるかといえば、論外のことでしょう。

中國南朝は次のように都城・王宮も明確で巨大です。知られるとおり五世紀、中國・南朝（宋・斉・梁・陳）の首都は建康（現在の南京）であって、宋の「大明八年（四六四には）戸数は九〇万六八七〇、人口四六八万五五〇一と記されている。」（『世界の歴史』4、二三四頁、塚本善隆氏責任編集、中公文庫、一九八五年、一四刷）とあります。

こうした王朝・国家が、首都・都城がなく王宮さえも考古学的には不明という「ヤマト朝廷」に、「臣下の礼を尽くす」というのは、如何でしょうか。現に八〜九世紀、『旧唐書』日本国伝では、ヤマト朝廷はさかんに遣唐使と留学生・留学僧等を唐に派遣していますが、この当時、唐は「ヤマト朝廷に臣下の礼をつくした」のですか。こう見てきますと日本国民に大きな影響をおよぼしているいわゆる〝日本古代史〟が、どんなものか、やはりあらためて問われるのではありませんか。

二　戦後の「倭の五王・ヤマト朝廷論」

戦後、那珂通世氏などの「倭の五王・非ヤマト朝廷論者」の、実に奇妙な「ヤマト朝廷論」をも遠慮なくもちだして、「倭の五王・ヤマト朝廷論」をいう通説の姿は、やはり驚くべきものとおもいます。那珂通世氏の「倭の五王・ヤマト朝廷論」とは、以下のようなものです。

「右ノ（『宋書』の倭の）五王ヲ雄略以上五帝ト仮定シテ、其ノ時代ヲ古事記ノ年紀ニ対照スレバ、大抵ハ善ク合ヘリ。唯宋書ニ倭讃ト見エタルハ、履中天皇ニハ非ズシテ、仁徳天皇ニ当レリ。仁徳天皇ノ御名ハ大さざきナレバ、さざノ音ニ由リテ、讃ト申シタルナリ。……履中天皇ハ、在位モ短ケレバ、宋書ニハ、此ノ一代ヲ脱シ、其ノ御弟ナル反正天皇即珍ヲ以テ、直ニ讃ニ接シ、且誤リテ讃ノ弟トナセルナリ。……」（前掲書、五四八頁。傍線、引用者）と云うのです。

そもそも、「倭王ノ使ト云ヘルモ、皇朝ノ御使ニハ非ザリシコト論ナシ。」と主張していたのに、どうしてそれを仁徳天皇以下の五帝と言えるのか、理解できません。「しかも通説が一般的に讃を履中天皇にあてるのにたいして、仁徳天皇にあてる説を展開し、戦後の通説の「倭の五王論」での、「讃・仁徳説の嚆矢のお一人」とされているわけです。ここに事実にたって真実を探求するという学問の姿があるといえるのでしょうか。

　またこの他にも戦後、先述のとおり通説は、本居宣長によって批判された、江戸時代の尊皇的歴史家・松下見林の『異称日本伝』をも新たにもち出したわけです。

　見林は「倭の五王」に関して、「今按、永初・元嘉当、本朝允恭天皇之時、大明昇明当雄略天皇之時。讃、略履中天皇諱、去来穂別訓。珍、反正天皇諱、瑞歯別、瑞珍字形似、故訛曰珍。済、允恭天皇諱、雄朝津間稚子、津済字形似、故訛称之。……興、安康天皇諱、穴穂訛書興。武、雄略天皇諱、大泊瀬幼武略之也。（『異称日本伝』、二二頁、改定・史籍集覧第二十冊、目録、新加通紀類、第一三、編輯者・近藤瓶城、発行者・近藤圭造、明治三四年）。

　右の読み下しは、「今按じるに、永初・元嘉は、本朝の允恭天皇之時に当る。大明・昇明は、雄略天皇之時に当る。讃、履中天皇の諱、去来穂別《いざほわけ》の訓を略す。珍、反正天皇の諱、瑞歯別《みずはわけ》、瑞の字形、珍に似る、故に訛りて珍と曰う。済、允恭天皇の諱、雄朝津間稚子《おあさつまのわくご》、津の字形、済に似る。故に訛りて之を称す。興、安康天皇の諱、穴穂、訛りて興と書く。武、雄略天皇の諱、大泊瀬幼武《おゝはつせのわかたけ》、之を略す也。」というものです。

　落語や漫談ならいざ知らず、中國側が天皇の諱を読み違い、誤字などをあてた云々と言うのは、はたして学問の名に価するものでしょうか。現に『宋書』倭国伝には、「太祖の元嘉二年、また司馬曹達を遣わして表を奉り方物を献ず。」（傍線は引用者）、または、「順帝の昇明二年、使いを遣わして表（国書）を奉る。曰く……」（括弧は引用者）として、有名な「倭王武の国書」の内容が記されています。

すなわち国家間の交流は、文書（国書）の遣り取りで行われるものであって、すでに指摘したように、『魏志』倭人伝にも「文章・賜遺の物を伝送して、女王に詣らめ……」と記されております。したがってその「国書」には、当然、「倭国王」の署名があるはずです。

こうした中国史料の記載の事実を無視して、〝天皇の諱を間違え、勝手な誤字等をあてた〟というような、まるで中國人劣等民族とでもいう独断が、「学問」とされる風土は、まさに「夢中に夢を説き候ようの事」でないでしょうか。しかも『記・紀』でさえも、自説にとって都合の悪いものは無視するなどの態度は、それは、なにが事実であるか、事実でないか、ではなく、自説にとって好都合か、不都合か、有利か不利か、で態度を決めるものという、おおよそ〝事実を探究する学問〟とは、異なるものという他はないのではありませんか。

三　太宰府・都督府と日本古代史学の問題点

こうして太宰府にかんする通説の見解は、「倭の五王」とかかわる「都督府古跡」の石碑は無視され、〝六六三年に唐・新羅を敵として闘い、「白村江の海戦」でヤマト朝廷が敗北し、急遽、本土防衛の必要から太宰府を造営した。〃というふうにいわれています。

「古代都市としての太宰府の最大の特色は古代中國の都市が羅城によって厳重に防衛されているのと同様に、防衛施設が設けられていることである。都府楼と呼ばれている太宰府政庁を中心にして、その後方に大野城があり、前方には基肄城《きいじょう》がある。さらに博多湾に上陸した敵の侵入を防ぐため、政庁西北の平野部に水城が築かれている。まさに一大防衛都市である。」（田村圓澄氏編、『古代を考える　大宰府』、一二七頁。傍線は引用者）。

　こうして古代大宰府が、世界の古代国家と共通の「都城」形式であることが、学者によって承認はされているわけです。ただし、その造営者を「ヤマト朝廷」と称するのですが……　通説は知られているとおり、「これらの防衛施設が配置されるにいたった経過は、『日本書紀』が記しているように天智天皇二年（六六三）の白村江の海戦に敗れたのを契機としている。」（前掲書、一二八頁）としています。

　しかし本書の視点は、ここに記されている施設をうわまわる大宰府を、「白村江の海戦」で唐・新羅連合軍によって壊滅的打撃をうけ、敗軍の将兵が巷にあふれ、しかも唐・新羅連合軍の博多上陸の危機感があふれる北九州で、「大水城」一ヶ所だけでも、「百数十万人」の労働力を要する（後述）とされ、その他に先の大野城や基肄城、さらには多くの大小の土塁・水城（後述）などの巨大工事が、短時日のうちにはたしてできるのかという疑問が第一です。

さらには当時、肝心のヤマト朝廷には首都・京師はなく、しかも関係天皇の王宮も考古学的に定かでない、すなわちその程度の力しかない者が、はるかな北九州の一角で、こうした巨大要塞都市を短時日に構築できるという根拠は、どこにあるのか、という疑問です。

四　太宰府「造営」の規模と、ヤマト朝廷の遷宮との対比

ここでまずは唐・新羅の都城と、斉明・天智のそれを比較します。唐はかの有名な長安（現在の西安）です。当時、世界的大都市で、今日も中国史にかかわる観光地の一つです。

新羅は、「慶州の王京については、京都に坊里の名を定める（四九八年）というように王京内に方格地割による都市計画を行ない、市を設けるなど、都市の拡充と整備を進め、六世紀中ごろには、三国（古代朝鮮）のなかで最も中国の都城に近い都市を完成させ、盛時には京中に一七万戸があったという……。」（中尾芳治氏、佐藤興治氏、小笠原好彦氏編著、『古代日本と朝鮮の都城』、二五八頁、ミネルヴァ書房、二〇〇七年、第一刷）とあります。

『紀』と通説が、ヤマト朝廷が支援したという百済の都城は、建国以来、「慰礼城」「漢城」「熊津」と遷都していますが、四泚が最後の都城です。百済の都城の探求は長期にわたって錯綜した印象がありますが、「倭の五王」時代に該当するのは、あの有名な「広開土王」時代の都城「漢城」

でしょう。

これは「四七五年、高句麗の長寿王率いる三万の軍によって落城したといわれます。この漢城は長年の探求で発掘され「幅四三メートル、現在高一一メートの巨大築版城壁が、その他の紀元前一世紀ごろの環濠初期百済時代の大形建物等々とともに出土し、少なくとも三世紀には完成されていたといわれ、これら一連の調査で夢村土城より数世紀さかのぼり、かつ大規模な施設をもつ風納土城こそが、漢城百済の王城・慰礼城であろうという結論にいたった。」（前掲書、二四四〜二四七頁）とあります。

これにたいしてヤマト朝廷の、七世紀後半、「白村江の大敗」時の都城・王宮はどこですか。なにも確たるものはないでしょう。「日本古代史」とは、「日本の古代国家の形成・発展史」です。したがってその研究対象が国家としての基本的要件を備えていなければ、たとえ通説のどんな権威が云われようとも、それを〝国家・王朝〟とどうしていえるのでしょうか。

六六三年の唐・新羅連合軍と対決したのは、斉明・天智朝という主張、たとえ『日本書紀』がそう書こうとも、都城・王宮の存在も確認できないもの、すなわち国家・王朝として存在したという客観的証拠がまったくないものが、唐・新羅と戦ったとか、巨大都城・王宮、すなわち太宰府・都督府を敗戦のどさくさに造営したなどというのは、通説のどんな権威が言おうと、またその説がどんなに国民に浸透していようが、真の〝歴史学〟からみれば、肯定する客観的根拠が見いだせない、という他はないという立場です。ヨーロッパ近世初期、『聖書』が絶対とした「天動説」を、当時の一般社会がどんなに信仰していようとも、そこに一寸の真実もないようなものです。

さて次に田村氏が列挙される、太宰府都城の諸施設を見ていきましょう。先ずは大水城です。

「福岡平野と筑紫平野が接続するネック部、すなわち四天王寺の西麓から牛頸丘陵の東端に至る一・二キロの間に、高さ一三メートル、基底幅約八〇メートルの土塁が延びている。土塁は御笠川により、東堤部と西堤部とに分けられる。東堤部の発掘調査により、土塁の外側（博多湾側）に幅約六〇メートル、深さ五メートルの堀のあることが確認された。また土塁の内側から外堀に水を貯えるための、土塁の下に敷設された木樋の一部も発見されている。」（田村圓澄氏著、『大宰府探究』、四四頁、吉川弘文館、平成二年、第一刷。傍線は引用者）。

この大水城造営のみで、その労働力は、「土塁、三八万四〇〇〇立方メートル。一〇トンダンプカー、六万四〇〇〇台、作業員延べ数約一一〇万人以上」（沢村仁・元九州工芸工科大学教授、内倉武久氏著、『太宰府は日本の首都だった』、一九〇頁、ミネルヴァ書房、二〇〇一年、第二刷）という研究もあり、かつこの大水城の〝造営年代も五～六世紀〟という、九州大学理学部教授・故坂田武彦氏による、放射性炭素14C年代測定法値があると、内倉武久氏は指摘（同書、一九二頁）されています。

また、大水城のみならず「大宰府政庁正殿における放射性炭素年代測定も、「暦年代（西暦）

AD四三五〜六一〇」という測定値も、報告されています。(『大宰府政庁跡』、三五三頁、九州歴史資料館、二〇〇二年、吉川弘文館」)。

なお放射性炭素14C年代測定法にかんしていえば、縄文史学でも通説の日本古代史学が今日もそこにたつ土器編年は否定された点を、今村啓爾氏はその著書(『縄文の実像を求めて』、吉川弘文館、一九九九年、第一刷)で強調されています(二〇七頁参照)。

この点でも、大学の日本古代史学は、世界の孤児だということです。なぜ通説が放射性炭素14C年代測定法に、執拗に反対するのかを問えば、この理化学的年代測定値は、古代中國正史類等の「倭国伝」の記載にかかわる年代と一致し、水戸史学・国学以来の「ヤマト朝廷一元史観」とは、両立しない、という傾向があるからだ、とおもわれます。

さてもとにもどって、この「大水城」の他に多くの土塁・水城が指摘されています。①上大利土塁(福岡県大野市)②大土居土塁(福岡県春日市)③天神山土塁(福岡県春日市)④基山築堤土塁(佐賀県三養基郡基山町)⑤上津土塁(福岡県久留米市)。ただし書紀の「筑紫に大堤を築きて水を貯えしむ。名づけて水城と曰う」とあるのは、「大水城」を言うのか、あるいは⑤までを指すのかにつては、「定かでない。」と田村圓澄氏は述べておられます(『太宰府探究』、四四頁)。

・さらに大野城があります。「約六・五キロの土塁をめぐらし、河谷の流水部は石畳、両端は石垣、北側に百間石垣がある美口《うみぐち》、および南辺の太宰府口・坂本口、水城口の四個所に、城門の遺跡がある。城内の八カ所から七〇棟の遺構が確認された。

・基肄城約三・八キロの土塁をもち、石畳・石垣が各所に残存している。城門跡として確認できるのは二か所、城内の建物は約四〇棟あったと推定される。」（『大宰府探究』、四四頁）。

・この他に「条坊制」の都市の存在が、鏡山猛氏（「大宰府の遺構と条坊」）によって昭和一二年（一九三七）に明らかにされています。」（『古代を考える大宰府』、一〇〇頁）。それによれば大宰府は、「平城京や平安京と同じように条坊制が敷かれていた。」（同書、同頁）とあって、「方一町方眼の地割」を単位に、東西、右郭一二坊、左郭一二坊、南北二二条であって、「大宰府の中枢部ともいうべき政庁の復原は、平城京の朝堂院の建物配置を簡略にした姿を想定した。」（同書・一一一頁）とあります。あくまで平城京をモデルにしている点に、この研究者の歴史観がありますが……。

以上、こうした大規模な工事が、六六三年の「倭軍」の白村江での大敗を受けて、天智朝・大和朝廷によって行なわれたというのが日本古代史学の主張ですが、本書の立場は、そもそも自身の都城・首都もなく、その「宮」（王宮）の考古学的確認もあやふやな水準の勢力が、敗戦の危機感あふれる北九州で、このような大事業ができるという根拠はどこにあるのか、という視点です。

さらに言えば都城・京師もなく、そもそも「宮」の確認も不明確な勢力が、当時の世界的大国・唐および立派な都城・王宮を構える新羅を敵に戦えるという主張は、首都・都城中心の世界の国家論からは、あり得ない空論ではないかということです。こうして日本古代史を正しい国家形成・発展論、すなわち都城・京師論の見地から見ると、古代中國正史類の「倭国記載」が正常であり、『古事記・日本書紀』および明治以来の大学の〝尊皇〟日本史は、世界と古代琉球の歴史に共通の古代国家・形成・発展における、「都城・京師」中核論の欠如が目につきます。

〈参考文献〉

『宋書』倭国伝
古田武彦『失われた王朝』
『日本書紀・下』
田村圓澄『古代を考える　大宰府』吉川弘文館　一九八七年
『新唐書』日本伝
『大日本史』外国伝
松下見林『異称日本伝』
本居宣長『馭戎概言』
那可通世『外交驛史』岩波書店　一九六〇年
塚本善隆責任編集『世界の歴史』４　中公文庫　一九八五年
松下見林『異称日本伝』近藤圭造発行　明治三四年
赤尾芳治／佐藤興治／小笠原好彦編著『古代日本と朝鮮の都城』ミネルヴァ書房　二〇〇七年
田村圓澄『大宰府探究』吉川弘文館　平成二年

今村啓爾『縄文の実像を求めて』吉川弘文館　一九九九年
鏡山猛『大宰府の遺構と条坊』
内倉武久『太宰府は日本の首都だった』ミネルヴァ書房　二〇〇一年

第八章　『隋書』俀国伝・『旧唐書』倭国伝および日本国伝

一　『隋書』東夷伝に「倭国伝」はない

戦前・戦後の「ヤマト朝廷一元史観」の日本古代史は、自説にとって都合が悪いと見られるものは、無視して語らないのが特質だという点です。これは、本来の学問ではあり得ないものと思います。ここに考察する『隋書』俀国伝も、また、その例にもれないものです。

倭國

倭國在百濟新羅東南水陸三千里於大海之中依山島

〝いわゆる『随書』倭国伝〟

これは古田武彦氏が『失われた九州王朝』でとうに指摘されたことですが、『隋書』の東夷伝には、「倭国伝」はないという問題です。自ら『隋書』の東夷伝をあげながら、そこにある本来の国号・「俀国伝」をありのままに国民に示さず、なぜ今日の日本古代史学は「倭国伝」と原文改竄をするのかという問題、これが第一です。しかも、『隋書』の帝記には「倭国入朝」記事がある、これが第二の問題です。

一　「大業四年（六〇八）三月、壬戌、百済・倭・赤土・加羅舍国並遣使貢方物」

二　「大業六年（六一〇）春正月己丑、倭国遣使貢方物」

「東夷伝」には「俀国伝」、皇帝の言動・業績にかかわる帝紀には、「倭国」記載があるというのは、

『隋書』の撰者が間違ったのではなく、隋と正規の外交関係をもつ俀国の他に、これまで正規の外交関係のない「倭」と自称する勢力が、〝突然、隋に交流を求めてきた〟ということであることは、古田氏が先の著書で指摘されています。

すなわち七世紀初頭の、日本本土の「二国併記」です。なおこの「倭国」こそは、〝ヤマト朝廷〟という見地に本書はたちません。実にこの「倭」こそは、キンキ地方の古墳から「三角縁神獣鏡」を出土させ、近畿地方に最初の都城を形成した中心的勢力ではないか、と考えるからです。後述（二五六頁参照）します。したがって『隋書』俀国伝の理解をめぐっても、本書の立場と通説とのあいだに共通点はなにもありません。

二　なぜ「俀国《たいこく》」なのか

中國史料で「倭」「倭国」と呼ばれてきた国家が、「俀」と呼ばれているのは何故か、これがまず問題です。古田氏は、通説が絶賛してきた『隋書』俀国伝の有名な国書、「日出る処の天子、書を日没する処の天子に致す。恙なきや、云々」に、隋の煬帝は激昂して、「『蛮夷の書、無礼なる者あり。復た以て聞するなかれ』と」ある点を指摘されて、「倭国王・多利思北孤」（タリシホコ）が称した国号「大倭国《たいいこく》」に、音は似ていながら意味は逆の「俀」（タイ、弱いの意）の字をあえて当てたとされています。正論と考えます。

なお、通説はタリシホコ（多利思北孤）を、「タリシヒコ」（多利思比孤）と原文改竄をしています。古田氏はこの事実を指摘され、改竄の背景を「天皇にホコのつく諱がない」ため、諱に見えるように改竄したといわれています。

では「倭国王・多利思北孤」は何故、「日出る処の天子……」云々と書いた国書を、隋におくったのでしょうか。以下、これを検討しますが、これの説明としては前後するのですが、本来の順序としては、この項のあとにとりあげるべき唐の正史『旧唐書』日本国伝に、その説明があるのです。

三 『旧唐書』の〝二国併記＝日本の王朝交代記〟

この『旧唐書』の「東夷伝」には、七世紀以前を「倭国伝」、八世紀以降は「日本国伝」と日本の王朝が、「二国併記」されています。明治以来の日本古代史の諸先生は、教科書でも一般的な著書でも、この「二国併記」の事実を一切、とり上げていないでしょう。何故でしょうか、お教えいただきたいところです。

イ　『旧唐書』倭国伝

この『旧唐書』倭国伝が卑弥呼・倭の五王の王朝・国家であることは、その首都の地理的位置、および以下の記事を読めば明白です。

「倭国は古の倭奴国なり。京師（唐の首都、長安）を去ること一万四千里、新羅、東南の大海の中にあり、山島に依って居る。……世々中國と通ず。……その王、姓は阿毎《あめ》氏なり。……貞観五年（六三一）……また新州の刺使高表仁を遣わし、節を持して往いてこれを撫せしむ。表仁、綏遠（外交）の才なく、王子と礼を争い、朝命を述べずして還る。」と記され、唐朝から倭国に高表仁という使者が派遣されたが、「倭国」の皇子と争いになり、ついに使者の使命を果たしえずに帰国した、とあります。

さらに「二十二年（貞観。六四八）に至り、また新羅に附して表を奉じ、以て起居を通ず。」とあって、これが卑弥呼の王朝・倭国と歴代の古代中國王朝との、約七百年以上にわたる連綿たる交流記の最後です。

この「倭国伝」を読めば、倭都は「新羅東南の大海の中にあり、山島に依って居る。」と、北九州ということが明記され、さらに「『後漢書』倭伝以来の歴代中國王朝との交流史が、「世々中國と通ず」と簡明に記されています。その上に六三一年、これは「倭国」滅亡の三二年前ですが、倭国に唐の使者高表仁が派遣されたとあるわけです。

『日本書紀』舒明紀に、「四年の秋八月に、大唐、高表仁を遣して、三田耜《みたすき》を送らしむ。」（『日本書紀・下』、二二八頁）云々とあります。通説はこうした『紀』の記載を掲げて、『旧唐書』倭国伝を「ヤマト朝廷」と主張するのですが、実はここに後述するとおりに、『古事記・日本書紀』編纂の動機が示されていると考えるものです。

現に『日本書紀』には、『後漢書』倭伝の「委奴国王印」のことも、もちろん卑弥呼も「倭の五王」記事、さらには「日出る処の天子、書を日没する処の天子に致す……」という、戦前から通説が〝日本の誇りを示した〟という国書も、一語の記載もありません。

『日本書紀』・推古紀の隋使・裴清への聘問（挨拶）の辞は、「東の天皇、敬《つつし》みて西の皇帝に申す。……」という、自分を古代中国では「皇帝」より、一段と身分の低い「天皇」と称し、煬帝を「皇帝」と呼んでいます。これは、『隋書』俀国伝の多利思北孤の「天子対天子」、また「日出る処」対「日没する処」の対比に示される、毅然たる国書とは似ても似つかぬものでありませんか。

これは当然で「倭国」の首都の所在地を、「朝鮮半島、東南の大海の中の島」としているのですから、この国家やその王タリシホコが、ヤマトであり得ないことは明白です。「多利思北孤」は、「倭国・卑弥呼の王朝・国家」の王です。現に、『隋書』俀国伝に、裴清が近畿ヤマトを訪問したという記載は、一字もありません。

ロ　『旧唐書』日本国伝……〝ヤマト朝廷はもと小国〟

さて『旧唐書』日本国伝です。これは八世紀（七〇三年）、粟田真人が使者の第一号として記されている、古代中国正史類へのヤマト朝廷とその使者の初登場の記録です。

この「日本国伝」ではその冒頭に、「日本国は倭国の別種なり。その国日辺にあるを以て、故に日本を以て名となす。あるいはいう。倭国自らその名の雅ならざるを憎み、改めて日本となすと。あるいはいう。日本は旧《もと》小国、倭国の地を併せたりと。」（傍線は引用者）という、奇妙な記事によって書きはじめられています。

しかもここには、第一に国号・日本の由来、第二に、倭国の滅亡およびヤマト朝廷の史上初の古代中國正史類への登場、第三に、「ヤマト朝廷はもと小国」という、日本古代史をめぐる最重要問題が、わずか三行で、しかし適確に記されています。

ここには第一に、「日本国」すなわちヤマト朝廷は「倭国の別種」と記されています。「倭国の別種」とは、「従来、倭国と称していた国家とは別種・別国家である。」、すなわち〝「日本国」は倭人の国家ではあるが、倭国とは別国家である。〟という意味です。現に「日本は旧《もと》小国、倭国の地を併せたりと。」と、われわれ日本人にとって重大な記事となっています。

これは日本における王朝交代記であるとともに、『古事記・日本書紀』の日本史とは根本的に異なって、「ヤマト朝廷はもともとは、〝一小国に過ぎない〟」というものです。

したがって『記・紀』絶対主義の近世以降の「日本古代史学」が、この重大な記録を無視し、日本国民にたいして隠蔽しているのは、「尊皇・攘夷」をスローガンに徳川武家政権を倒した近代日本の支配的勢力と、その日本史論としては〝不思議な態度〟とは言えないわけです。しかし問題は、この「尊皇・日本史論」は、『旧唐書』の二国併記に照らせば〝真実の日本民族の歴史とは言えない〟、という点にあるのです。ここにこそ明治以降の〝日本史〟が、古代中国正史類の対倭交流記を無視・否定する背景と根拠があると考えるものです。

つまりは『古事記・日本書紀』、およびそれを絶対視する「水戸史学、国学」、その「一元史観」を継承する明治以来の〝日本古代史〟とその学者諸氏が、唐以前の古代中国の対倭交流記を否認・歪曲するのは、以上の理由と背景のためであって、それは断じて真の日本民族の歴史の探求とは、両立しないものだということです。

戦後の「通説的日本古代史学」は、津田左右吉氏のいわゆる『記・紀』批判史学をかかげて、水戸史学・国学を「皇国史観」と呼び、これを「批判」するとして、一方で『記・紀』の神話や『神武の東征』記事を否定し、他方では卑弥呼・「倭の五王」という、古代中國正史類の「倭国記載」を〝取り込み〟、これを「ヤマト朝廷」と称する仕方で、いわば「戦後のヤマト朝廷一元史」を構築してきたのです。

しかし、こうした仕方は、〝ではなぜ卑弥呼や「倭の五王」という、古代中國王朝でも名高い、しかも戦後の日本古代史学の諸権威が「ヤマト朝廷」と称する王たち〟を、かんじんのヤマト朝廷と『記・紀』の編者等は『古事記・日本書紀』の編纂にあたって、それを〝書きもらした〟のでしょうか。その点への科学的説明がなければ、どんなに学者諸氏が「多数決」で言われても、それは戦前の学者諸氏が、「天皇は現人神」と称した多数決同様ではないか、ということです。

こうして日本古代史探究の中心問題は、水戸史学・国学等の『古事記・日本書紀』絶対主義の「ヤマト朝廷一元史と史観」か、それとも『古事記・日本書紀』に一字の記載もない、古代以来の中国正史類に記される、「卑弥呼・倭の五王・多利思北孤」すなわち「倭国」の存在を承認するか、これが日本古代史をめぐる今日の真の問題点と考えるものです。

しかもこれは先に述べたとおり、新井白石がその晩年に、「異朝の書の見聞の誤りと申し破り、……破り捨て候。本朝国史々々（古事記・日本書紀を指す）とのみ申すことに候。本朝の始末、夢中に夢を説き候ようのことに候。」と、正当な指摘をしているわけです。

そのうえに『旧唐書』倭国伝・日本国伝および『新唐書』日本伝の記載は、実は皮肉なことに『古事記・日本書紀』といわば「二人三脚」で、「ヤマト朝廷一元史観」を葬るのです。それはヤマト朝廷とその遣唐使等が、唐朝に述べた「日本史」です。これが日本古代史の真実探究で画期的な役割を果たすのです。日本古代史の真実の探究では、近世以降のどんなに高名な学者でも、遣唐使等より日本古代の姿を知っていたという人はいないはずだからです。

ハ　国号・「日本」の由来

さていよいよ国号〝日本〟は、どういう背景、どういう理由で称されるようになったのかという、日本人にとって重要な問題と、それにかんする遣唐使の中国・唐朝への説明、そこでの問題点について検討します。

明治以降の〝学問・日本古代史〟では、「『日本』という国名の歴史につては、百科事典や歴史辞典にもない。」（岩橋小弥太氏著、『日本の国号』、吉川弘文館、一九九七年、新装版第一刷）といわれています。

一言で言えば、〝国号・日本の由来〟は『古事記・日本書紀』では、「わからない」というわけです。これはまことに〝不可解〟でしょう。何故ならば『記・紀』が真実の日本史の記録であれば、肝心の国号の由来・背景が分からない、はずはないからです。二〇二〇年には日本でオリンピックが開催され、日本中で「ニッポン、ニッポン」と叫ばれると思いますが、その国号・日本の由来は「わからない」というわけです。ここにも「本朝・国史々々」式歴史学の素顔が示されていると思います。これが〝通説的・日本古代史〟の姿です。

しかもこの国号・日本の由来を、もっとも明確に説明しているものが『古事記・日本書紀』ではなく、第一に『隋書』俀国伝、および『旧唐書』日本国伝、さらには『新唐書』日本伝、すなわち隋・唐の正史類だという点です。新井白石の表現では「異朝の書」です。津田左右吉氏が「糞・小便」と罵倒した中国正史類の「対倭」交流記でのみ、国号「日本」誕生の真の歴史が分かるのです。ここに近代日本とその日本古代史学の、歪んだ姿があるのです。

〝国号・日本の由来〟とは、日本古代史そのものです。さきに記したとおり『旧唐書』日本国伝には、その冒頭に「日本国は倭国の別種なり。その国日辺にあるを以て、故に日本を以て名となす。あるいはいう。倭国自らその名の雅ならざるを憎み、改めて日本となすと。」と記しています。

ここには国号・日本の由来が、ヤマト朝廷の使者が〝国が東にある故の命名〟と述べた、ということとともに、それとは別に「倭国が、その名が〝雅〟でないとして、国号を日本に改めた。」と述べているわけです。すなわち「日本」を最初に称したのは「倭国」であって、日本を新たに国号とした理由は、「その名、すなわち五世紀以降に中国側が言いだした『邪馬台』という呼称が〝雅でない〟からと言っている。」と、唐朝は記しているわけです。

この正史のあとの『新唐書』日本伝には、ヤマト朝廷の遣唐使が唐朝に述べた、「ヤマト朝廷史＝日本史」が延々と記されています。そこに「……稍習夏音、悪倭名更號。日本使者自言。国近日所出。以為名。或云日本乃小国。為倭所并、故冒其號」……」（稍々（少々）夏音（中国語）を習い、倭の名を憎み号を更める。日本の使者、自ら言う。国日出る所の近し。以て名と為《な》す。或は云う。日本は乃《すなわ》ち小国、倭の所を併せ為《る》。故にその號を冒す。）と明確に、日本という国号を最初に使用したのは「倭国」と述べています。

①「稍習夏音、悪倭名更號」とは

倭国が、国号・日本を公称し始めた動機は、「稍習夏音、悪倭名」だからだとあります。「少々夏音（中国語）を習い、倭という国号を憎むようになった。」というのですが、これは了解しかねます。そもそも一世紀以来、中国と交流し、卑弥呼の時代、先述のとおり中国・朝鮮諸国との外交を、文章を介して行っていると中国側が、『魏志』倭人伝に記しているのです。

となれば七～八世紀に「稍習夏音、悪倭名更號……」、などということになるわけがありません。ではいったいこれは何か、これを問えば、先述（一一二）頁参照）の『後漢書』倭伝の「邪馬臺（台）国」名に行きあたるのです。先に指摘したとおり「倭国」が称していた国号は、「邪馬壹（一）国」（『魏志』倭人伝）でした。これを五世紀の中国が「邪馬臺（台）国」と蔑称にかえたという問題です。「邪馬臺（台）」がなぜ蔑称かといえば、以下のとおりです。

「臺」とは古代中国の身分制度では、最低のランクであることは、これも先に述べました（一二四頁参照）。「邪馬台国」とは、「邪馬壹（一）」の（一）をあげつらって、「臺《ビリ》」国家と蔑称したものです。しかも「邪馬臺国」名を初めて記した范曄は『後漢書』・倭伝に、これも先に指摘したとおりにこの「邪馬臺国」名にかんして、「今の名（邪馬臺国）は案じるに、邪馬惟の音の訛れる也。」という注釈を、「邪馬臺国」名のあとに記入していることも述べました。

つまり、国号・日本をめぐって『旧唐書』日本国伝が、「倭国自らその名の雅ならざるを憎み、改めて日本となすと。」とか、『新唐書』日本伝が「稍習夏音、悪倭名更號」とか記していますが、その「憎まれたもの」とは、実はこの「邪馬臺（台）国」呼ばわりであって、「邪馬臺（台）国」とは、「倭国」が称していた「邪馬一国」への、中國側の蔑称というわけです。中国側も、〝実は、われわれ中国側の倭国への蔑称〟が、国号・日本誕生の背景だとは言いにくかったので、「稍習夏音……」とか、「倭国自らその名の雅ならざるを憎み……」とかの、責任逃れ的云い方をしているのだと考えるものです。

この「稍習夏音……」とかは、『新唐書』日本伝では、ヤマト朝廷の遣唐使の「日本史」の説明分部に記されていますが、その記述の仕方は乱雑な面があります。この乱雑さの生まれる一つの理由は、本来、「邪馬一国」という倭国側の国号を、中国側が勝手に「邪馬臺国」（最低のビリ国家）という蔑称にかえたことに、倭国が反発したという歴史の経緯をはぶいているためと思います。

②国書〝日出る国〟

この「邪馬臺(台)国」呼ばわりに断固として抗議し、「日の本」を国号的に称した最初こそは、『隋書』俀国伝の多利思北孤の「国書」です。例の「日出る処の天子、書を日没する国の天子に致す。恙なきや云々」です。ここには「倭国」を「邪馬臺国・最低の国」と称した中国、時の王朝隋を、「日没する国」と呼んでいます。そうして自国を「日出る処」の王朝と言明しているわけです。すなわち国号・「日本」の由来はここにあるのです。

③「ヤマト朝廷一元史」の否定

さて次は唐朝による「ヤマト朝廷一元史と史観の公然たる否定」という問題です。これにかんしては『旧唐書』日本国伝に、先述のとおり国号・日本問題とならんで、「あるいはいう。日本は旧《もと》小国、倭国の地を併せたりと。」とありました。通説はこれを日本古代史の問題として、国民にしめしたことはありません。

例えば通説のこの道の専門家の石原道博氏は、氏の編訳の『旧唐書倭国日本伝・宋史日本伝・元史日本伝』(岩波文庫、二〇一〇年、第四九刷)の、「解説・『旧唐書』倭国日本伝について」で、本来「倭国伝」および「日本国伝」というべきところを、「倭国日本伝」と原文を改竄されつつ、『旧唐書』の「二国併記」を、「倭国と日本国を併記するような不体裁」といわれ、『新唐書』日本伝にかんしては、「そのような不体裁もなく」（同書一六頁）と云われています。

しかし、『新唐書』日本伝もまた、「日本使者自言。国近日所出。以為名。或云日本乃小国。為倭所并、故冒其號」と明記しています。つまり「日本の使者自ら言う。国日出る所に近し。以て名と為す。或は云う。日本（ヤマト朝廷）はすなわち小国、倭の所を併せる。故にその号を冒す。」と記しています。

ここには字が読める者ならば間違いようもなく、「ヤマト朝廷たる日本国は、もともとは一小国であったが、倭国を併合した。その結果、倭国が称していた国号・日本を僭称した。」と記されているわけです。「新唐書・日本伝には、「倭国と日本国を併記する不体裁もない」」という評価は、原文を「読み下し文」で国民に示すならば、たちどころにその誤りが明らかになる性格のものです。これが水戸史学・国学以来の官学的「日本古代史」の素顔です。

そうしてここそが実は、「日本古代史」の真偽をめぐる断崖なのです。ここで進むのか、それとも引き返すのか。ここで通説は水戸史学・国学以来、「異朝の書の見聞の誤り」論で、その責任を中国側に転化し、「本朝国史々々」一点張りで真実を隠し、すり替えてきたのです。

しかしなぜ、またどうして唐や中国が日本史を歪めたり、『記・紀』を否定したりする必要があるのですか。

ではこの通説および『記・紀』の日本史と、『旧唐書』等の日本の二国併記と、どちらが真実か、これの客観的な判断の基準に、私は「首都・都城」の存在およびその確認におくのです。日本古代史学における実証主義です。

しかもこの都城・首都問題と照応するものが、『新唐書』日本伝に詳細に記されている、ヤマト朝廷とその遣唐使が唐朝に述べた「日本史」、つまりは『記・紀』とおなじ「日本史」ですが、これと『後漢書』倭伝から『旧唐書』倭国伝までの中國側の「倭国」交流記とが、まったく食い違うということ、それにかんする唐朝・中国側からの不審の表明がある点です。

それが『旧唐書』日本国伝に、ヤマト朝廷の遣唐使の述べる「日本史」をめぐって、「その人、入朝する者、多く矜大、実を以て答えず、故に中国、焉《これ》を疑う。」、とある点に示されているのです。「その人、入朝する者」とは、ヤマト朝廷の遣唐使一般をさした言葉です。「実を以て答えず」とは、唐朝の質問に事実をもって答えない、ということです。

これはヤマト朝廷とその使者のいう「日本史」、それは〝ヤマト朝廷は、日本における唯一正当の王家〟論ですが、この〝日本史〟には〝唐・中国側からみれば、『後漢書』倭伝以来、『魏志』倭人伝、『宋書』倭国伝、『隋書』俀国伝等に記される「倭中交流史」が、そこに一言もない〟わけです。これは唐・中国側からみれば〝不可解なこと〟でしょう。

つまり八世紀以降、中國・唐と交流を始めたヤマト朝廷・遣唐使が、唐朝に述べた〝日本史〟には、唐・中国も「知る」〝古代以来の「倭・倭国と中国の交流史」、すなわち『後漢書』倭伝の後漢との交流記も、『三国志』魏志・倭人伝の卑弥呼も、『宋書』倭国伝の「倭の五王」も『隋書』俀国伝の「タリシホコとその国書」もまったくないわけです。この点、〝『古事記・日本書紀』同様の日本史〟であって、これは「倭国」と交流してきた中国・唐から見れば、〝中国・倭国交流記を欠くものであって、その意味で「真実の日本史ではない」〟わけです。

まさに新井白石が、古代中國正史類と『日本書紀』の食い違い問題を、水戸史学がすべて「異朝の書の見聞の誤り」で済ます態度を、「夢中に夢を説き候ようのこと」とした点と、唐の見地は結果的に一致するわけです。古代中国正史類は中国国家とその社会が存続するかぎり、消去できない歴史の記録であるわけです。

④「ヤマト朝廷」＝〝旧小国〟（『隋書』俀国伝）

今日の日本では、「ヤマト朝廷一王朝史」は「不動の真実・真の日本史」とされ、マルクス主義の立場にたつと、自ら宣言する日本古代史学者、たとえば石母田正氏等々も、そこに立っておられます。

したがって「日本」、すなわち七世紀以前の〝ヤマト朝廷〟は「小国」などというのは、〝馬鹿しい〟ものと思われるのです。だがしかし、一旦、都城・京師という問題に目を注ぐと、『日本書紀』自身が六九四年の「藤原京」を「初めて京師を修め……」（『日本書紀・下』、二八〇頁。孝徳・二年条）と明記している意味が、日本史の事実の探究上の重要問題として、大きく浮かびあってくる、と私は考えるものです。

本書の「日本古代史」論を、もちろん学者諸氏は一蹴するでしょう。しかし実は、「ヤマト朝廷小国論」を最初に明確に記しているのは、通説、とくに戦前の日本古代史が大絶賛した、例の「日出る処の天子……」云々の国書を記載している『隋書』俀国伝なのです。それは隋の使者・裴清の「俀国」訪問記事です。

「明年（六〇八）、上（煬帝）、文林郎裴清を遣わして俀国に使せしむ。百濟を度《わた》り、行きて竹島に至り、南に躭羅国（済州島という）を望み、都斯麻国（対島）を経、迥に大海の中にあり。また東して一支国（壱岐）に至り、また竹斯国（筑紫国）に至る。また東して秦王国に至る。その人華夏に同じ、以て夷洲（台湾と通説はいう）となすも、疑うらくは、明らかにする能わざるなり。また十余国を経て海岸に達す。竹斯国より以東は、皆俀に附庸す。」（傍線は引用者）です。

この一文を読んで、隋使の裴清は日本本土のどこを訪問先、すなわち目的の地としているか、という問題です。この俀国訪問記事のどこにも、「キンキ・ヤマト」を特定する地名はありません。訪問先は、歴代中国の「倭国・俀国伝」に照らせば、「竹斯国」（筑紫国）です。

「また東して秦王国に至る……云々」は、読んで字の如く、竹斯国の東に秦王国があり、そこの住人は〝華夏に同じ〟、つまりは中國人（『後漢書』倭伝の徐福伝説？）という、しかしそこを夷洲（台湾）というのは解せない。」と言っているのであって、裴の「俀国」訪問の目的地でないことは明らかでしょう。さらに「また十余国を経て海岸に達す。」も、訪問の目的地ではないでしょう。

これを通説は『日本書紀』推古紀の「裴世清の来日記事」としてきたのです。しかし『隋書』俀国伝の輩清の「俀国」訪問の道順記事そのものを直視すれば、「キンキ・ヤマト」方面の地名は、裴清の訪問の目的地名に該当するものとしては一字もいない、というのが文献記載の不動の事実です。

しかも、その文章には厳然として、「竹斯より以東は、皆な俀に附庸す。」と、明確に「竹斯（筑紫）より東の国は、皆（全部）筑紫に都する俀国に附庸（「大諸侯の支配下にある小国」、『漢語新辞典』、大修館、二〇〇一年）する勢力と述べています。これでは近畿ヤマトの勢力は、筑紫への「附庸勢力」です。これを近畿中心主義で読むのは、その首都の地理的記載に照らしてなりたちません。『隋書』俀国伝は、指摘してきたとおり「タリシホコ」の都の所在地を、「俀国は、新羅の東南にあり。水陸三千里、大海の中において、山島によって居る。」と「俀の首都・筑紫論」を明記していることは、すでに述べました。

通説は『日本書紀』推古紀を絶対として、このレンズをとおして『隋書』俀国を「理解」してきたのです。そんなことをいっても権威ある学者の見解は動かないと云う方もおられるかもしれません。しかし、『隋書』俀国伝の裴清の隋使としての、「俀国」訪問記事に照らせば、目的地は竹斯国（筑紫）という記載の事実は動きません。

そこにキンキ地方を特定する語は一語もないのです。しかもこれは古田氏が強調されたことですが、『隋書』俀国伝には裴清の阿蘇山訪問記事があります。ここは筑紫からは、キンキからよりは、はるかに近いでしょう。それにキンキ・ヤマトに行って、何故またわざわざ九州の阿蘇山までいくのでしょうか。理由がないでしょう。当時の外国訪問は命がけの旅であって、今日の観光旅行ではないわけです。

つまりは『日本書紀』推古紀は日本史の事実を、「換骨奪胎」したものです。聖徳太子が起草したとされ、戦前から日本の誇りを世界に示すものと絶賛された、例の「日出る処の天子、書を日没する処の天子に致す、恙なきや、云々」で有名な国書は、しかし、肝心の『日本書紀』には一語もないことは、くり返して述べました。しかも「アメのタリシホコ」（通説はこれをタリシヒコに改変）もないでしょう。この問題では通説は、すでに述べたように、人間に〝姓のないものがあり得るか〟という疑問も抱かないようです。『俀国伝』では正常に「アメのタリシホコ」と、記されています。

しかもこの時代から約半世紀後の時代に、日本を、筑紫とキンキ・ヤマトに分けて〝二国併記した日本の文献〟が、実はあるのです。

四　日本を二国併記の〝日本の古記〟

六六三年の「白村江の海戦」で大敗したのは「倭国」であることは、すでに古田武彦氏が『失われた九州王朝』で指摘されています。先述の斉明・天智紀の太宰府造営云々は、『日本書紀』とそれを信奉した戦前・戦後の学者諸氏の「研究」であって、それは真の日本民族の歴史の否認に結びつくのです。当時の日本の現実を語る一文が、〝日本の古文書〟として残っているのです。

それは相国寺の瑞渓周鳳が文明二年（一四七〇）に著した『善隣国宝記』（上巻、外交史）に記載されたもので、「海外国記」と呼ばれているものです。その原著者といわれる春文にかんしても、「その著者とされる『春文』は、奈良朝の人名らしくないので誤記ともみられ、『天智天皇』という漢風諡号も天平五年（七三三）にはまだ定められていないから、追記が混入したのであろうが、天平四、五年は斉明・天智朝以来久ぶりに新羅との関係が緊張した時期であり、これらの逸文の内容も詳細で、拠るべき原史料が天平のころにはまだ残っていたと思われる。」（『日本書紀・下』、五七七頁。傍線は引用者）と注釈のある文章です。この注釈の重要なところは傍線部分です。おそらくはこの文章の基本部分は、「倭国」人の文章の残存物と思われます。なおここの「天智天皇」記載は、先の校註者の注のとおりかと思います。さてその本文（『日本書紀・下』、五七七頁掲載）です。

①「海外国記曰、天智天皇三年四月、大唐客来朝。大使朝散大夫上柱国郭務宗等卅人、百濟佐平禰軍等百人、到対馬島、遣大山中釆女通信侶、僧智弁等来。喚客於別館、於是智弁問曰、『有表書幷献物以不。使人答曰、『有、将軍牒書一函幷献物』。乃授牒書一函於智弁等而奉上。但献物撿看而不将也（傍線、引用者、以下同様）。

（海外国記に曰く、天智三年四月（六六四、倭軍の白村江の海戦大敗の翌年）、大唐の客来朝。大使・朝散大夫上柱国郭務悰等三十人、百濟佐平禰軍等百人、対馬島に到る。大山中釆女通信侶を遣わし、僧智弁等も来たり。客を別館に喚び、是に於いて智弁、問うて曰く、『表書（国書）幷びに献物、有りや否や』。使人、答えて曰く、『将軍の牒書一函、幷びに献物有り』。乃わち牒書一函を智弁等に授け奉上。但し献物は撿看されざる也。（『日本書紀・下』、五七七頁）。

ここで重要な点は、唐軍の使者等が対島に来たという記載です。なぜ対島なのか。おそらくは、「倭国」の大陸方面への最前線の地（島）として、重要な位置づけをもっていたのではないかと思います。さて次です。

②「九月、大山中津守連吉祥・大乙中伊岐史博徳・僧智弁等、称筑紫太宰辞、実是勅旨、告客等。『今見客等来状者、非是天子使人、百濟鎮将私使。亦復所賚文諜、送上執事私辞。是以使人（不脱か）得入国、書亦不上朝廷。故客等自事者、略以言辞奏上耳』。」

（傍線は引用者）「九月、大山中津守連吉祥・大乙中伊岐史博徳・僧智弁等、筑紫太宰の辞と称し、実に是に勅旨を客等に告ぐ。『今、客等の来状を見るに、是れ天子の使人に非ず、百濟鎮将の私使。亦、復する所の賚文を諜し、執事に送上するに私辞。是を以って、使人（不脱か）入国するを得ず。又書は朝廷に上らず。故に客等のことは、略して以って言辞を奏上するのみ』（傍線は引用者）。

この『海外国記』の文章は、これだけ読んでも一見、なんの変哲もないものに見えます。しかし月日ごとに『日本書紀』天智紀の郭務悰来訪記事と並べると、『記・紀』的日本史の否定の文、すなわち日本の二国併記となるのです。それは次のようです。

1「天智三年四月（『海外国記』）「郭務宗等、対馬に到る」（来た理由を質している）

2「天智三年五月（『日本書紀・下』）、「夏五月の戊申に、百濟の鎮将劉仁願、朝散大夫郭務等を遣わして、表函と献物とを進める（三六一頁）」。

3「天智三年九月（『海外国記』）、「郭務悰一行が筑紫にきた。『入国拒否』」

4「天智三年、冬十月（『日本書紀・下』）、郭務悰等を発《た》って遣す勅を宣《の》たまふ。是の日に、中臣内臣《なかとみのうちつまへつきみ》、沙門智祥を遣わして、物を郭務悰に賜ふ。戊寅《つちのえとらのひ》に、郭務悰等に饗《あへ》賜ふ。」（三六一頁）。

以上ですが、郭務悰は九州・筑紫と近畿を行ったり来たりしていることは、一目瞭然でしょう。「天智三年の四月」が対島、その一ヵ月後がキンキ、同様に同年九月が筑紫、その一ヵ月後の一〇月がキンキ、つまり、この一ヵ月間とは当時の筑紫〜難波間の船旅と、上陸以降の徒歩等の旅の日程等、当時の外交官等の交通・交渉・滞在期間の慣習等によるものでしょう。この引用文が物語るものは、この時点での日本の明確な「二国併記」だという点です。

しかも郭務悰にたいする態度が筑紫とキンキで対照的な点も、また明白でしょう。この記事が言外に語るものは「天智三年」、すなわち六六四年の時点では、筑紫とキンキにそれぞれ郭務悰が面会すべき「朝廷」があった、ということです。現に、引用文②には、「入国するを得ず。又書は朝廷に上らず……」と、明確に「朝廷」という言葉が記されています。日本の場合、「朝廷」といえばヤマト朝廷に決まりきったものですが、この場合の「朝廷」とは、「倭国王」の朝廷を指したものです。つまりは〝日本の二国併記〟です。

まさにこの時点には、『後漢書』倭伝以来、『唐書』倭国伝までの「倭国」・筑紫の勢力と、その歴史が不明の「ヤマト朝廷」がともに存在していた事実が、『海外国記』の一文に示されているわけです。しかも唐朝の使者、郭務悰一行への応対は、筑紫・九州は厳しく敵対的な傾向がみられ、当時のヤマト朝廷は〝友好的で丁重〟です。

今日、ヤマト朝廷が存在している背景は、唐・新羅と戦争をした「倭国」が滅亡し、唐と組んだヤマト朝廷が、「倭国を併合した」結果というのが歴史の事実と思います。これが『旧唐書』

日本国伝の、「日本は旧《もと》小国、倭国の地を併せたりと」や、『新唐書』の「或は云う、日本は乃《すなわ》ち小国、倭の所を併せる。故にその号（国号・日本）を冒す。」と記されているところの内実と考えます。

〝ヤマト朝廷は神代からの日本の王家〟とか、〝日本の古代以来唯一の王家〟などという、『古事記・日本書紀』の日本史、これを絶対的に信奉する戦前・戦後の、大学等の「日本古代史」は、日本民族の歴史の事実を隠蔽・歪曲した〝歴史〟なのです。世界に、原始時代から今日までの「唯一王家」などはありません。

〈参考文献〉

『隋書』俀国伝
『旧唐書』倭国伝
『旧唐書』日本国伝
『後漢書』倭伝
『日本書紀・下』
『新唐書』日本伝
岩橋小弥太『日本の国号』吉川弘文館　一九九七年
『魏志』倭人伝
石原道博編訳『旧唐書倭国日本伝・宋史日本伝・元史日本伝』岩波文庫　二〇一〇年

古田武彦『失われた九州王朝』

瑞渓周鳳『善隣国宝記』上巻　外交史　一四七〇年

第九章　その他の国家的勢力

一 「倭国」の範囲

「倭国」は、その生起・発展の背景からか、日本本土の統一にはまったく関心がなく、その政治的関心・野心は朝鮮半島、とりわけ今日の韓国部分にあって、これが遂に「倭国」の滅亡の要因となったと考えられるのです。

今日、「日本古代史」に「倭国史」はありません。そのために倭人・倭国と朝鮮半島、とくにその南部の人々との抗争の歴史が、正しく日本国民に明らかにされていません。そのうえに明治以降の近代日本の朝鮮半島への侵略行為も、戦後も正しく国民に伝えられていません。その結果、今日の日韓関係の問題では、日本の政府に責任がある点も、明らかにされていないという問題があると思います。歴史を正しく知ることは、極めて重要と思います。

しかし他民族への侵略政策は、アメリカ大陸等へのイギリスなどの〝植民〟の場合は、相手の社会発展の段階と移住者側のそれが著しく差があるなどの結果、成功した場合もありますが、それ以外の場合、相手国とその民族・国民の必死の抵抗闘争をうみ、結局は失敗することは、とりわけ第二次大戦以降の世界の姿が、如実に物語るものでしょう。

この点、古代ヤマト朝廷は朝鮮諸国等への介入はなく、これがその後の日本の発展に貢献している面もあると思われます。しかし「倭国」の存在とその滅亡、その姿、その悲惨について自己正当化のもくろみから、これを隠蔽し語らないという大きな誤りをおかして、日本国民が真の日本民族の歴史、ならびに対外侵略政策の誤りと、その悲惨を学ぶ条件を抹殺した点、きびしく批判されるべきと思います。もちろん日本史の改竄・抹殺および、尊皇主義の近代天皇制とその政府がおこなった、朝鮮・中国侵略等の正当化など論外のことです。

さて「倭国」の日本本土における支配地域という問題です。これを示すものが『旧唐書』日本国伝の次の一節です。「また云う、その国の界《さかい》、東西南北各々数千里あり。西界南界は咸《みな》大海に至り、東界北界は大山ありて限りをなし、山外は即ち毛人の国なりと」。これが八世紀初頭に遣唐使が唐朝に説明した、ヤマト朝廷の支配地域です。

この範囲は、六六三年～七世紀末の「倭国」滅亡以前においては、そのほとんどが「倭国」の領域というのが日本古代史の真実と考えるものです。では、これは本土のどの範囲か、これを考えるに、「西界南界は咸《みな》大海に至り……」というのは、キンキ・ヤマトにたって九州の西方と紀伊半島の南側は「咸大海にいたる」というわけですから、今日と同様です。

問題は「北界・東界」の境界線です。遣唐使の説明ではキンキ・ヤマトにたって、その北側と東側はそれぞれ「大山があって、それが限り」とあります。北側の大山を越えた日本海側と、東方の「大山」（本書においてはこれを箱根とする）の東側は、七世紀以前、「倭国」の領域ではない、ということだ、とおもいます。出雲の勢力は自立的勢力だったのでしょうか。

だがしかし一方では、これから述べる考古学的事実から、もう一方では通説の著名な学者の上田正昭氏著『古代国家成立史の研究』（青木書房、一九八二年、初版）掲載の、「五世紀の縣および縣主の全国分布表」（同書、一三七頁。なお図1参照）は、出雲など若干問題はありますが、きわめて興味深い分布状況を示しています。これを「この図は五世紀だ。お前の云っているのは八世紀初頭だ。時代が違う」という声も聞こえてきそうです。しかし、ヤマト朝廷の遣唐使が唐朝にのべた「国界」にかんする説明は、この「五世紀の縣および縣主の全国分布表」の、一部を除けば「点」で示されている分布状況と実によく合致しているとおもいます。

ただ多少ちがうのはその分布が、この図より若干東に広がっていたかもしれないという程度です。なお参考までに青木和夫氏著の『日本の歴史・三』（中公文庫、一八頁）掲載の、「十世紀の人口分布図」も掲載しておきます。この図2は「平安初期の弘仁式や延喜式に規定されている各国別の出挙稲、つまりは稲の強制貸し付け額をもとに、その額に見合う各国別の人口を推計したもの」とあります。この図では〝陸奥・奥羽・飛騨・日向〟の人口が空白です。

これにかんして青木氏は、「蝦夷・隼人が……久しく大和の朝廷に抵抗した。」（同書、一九頁）といわれています。つまりは通説の学者によってでも一〇世紀においてさえも、こうした状況であったと指摘されているわけです。

ここから見て上田正昭氏の「五世紀の縣および県主の分布図」も、基本的には事実を反映した面があるといえましょう。こう見てくれば、『旧唐書』・日本国伝の「領域記載」は、事実の反映と考えられ、しかもこのほとんどが実際は「倭国」の領域であったと考えられるわけです。

なにはともあれ、八世紀のヤマト朝廷の遣唐使の一部でさえもが、「日本（ここではヤマト朝廷）は、旧《もと》小国」と述べているわけですから……。したがって七世紀以前は、箱根の東側、すなわち関東以東は〝毛人の国〟というのが、真実の日本史の姿とおもわれます。

現に、大化元年、「東国等の国司等に詔して」（『日本書紀・下』、二七二頁）には、「天神の奉《う》け寄《よさ》せたまいし随《まま》に、方今《まさに》始めて萬国を治めむとす。」（『日本書紀・下』二七三頁）と述べています。「ヤマト朝廷一元史観」からは奇妙な記事ではありませんか。なぜ「大化元年」に、「今

図１　五世紀の縣および縣主の全国分布表

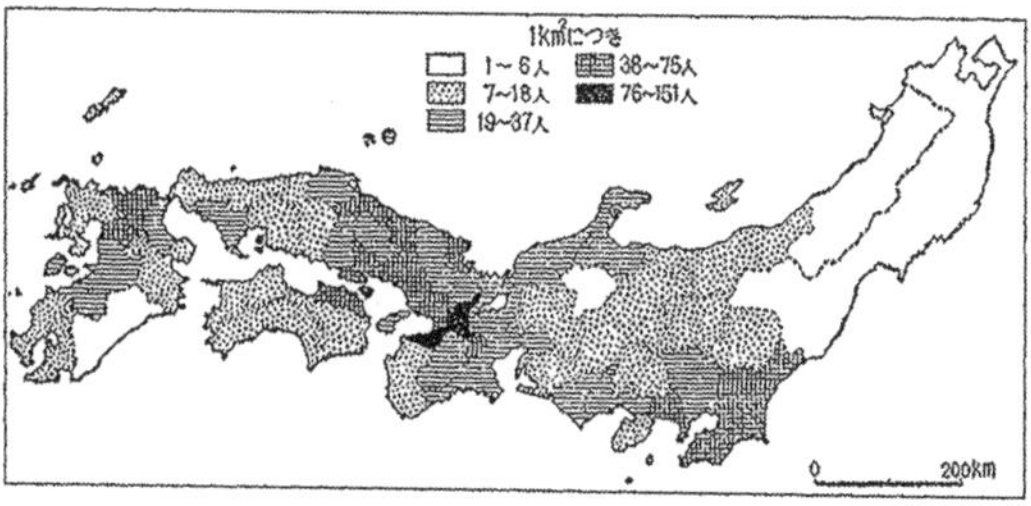

図２　『十世紀の人口分布図』、青木和夫氏作

始めて萬国を治める」などというのでしょうか。「大化元年」は西暦六四五年とされていますが、「大化の改新」の記事は八世紀の史実の遡及記載という、井上光貞氏の指摘もあり、この指摘は『旧唐書』日本国伝の、ヤマト朝廷の中国交流の最初が七〇三年の、粟田真人である事実と照応していると考えます。

この点を念頭におけば、「東国の国司」云々記事は、ヤマト朝廷の東国支配は実際は八世紀以降ということであって、「倭国」滅亡以前、東国の地は独立勢力の地域と考えられ、『旧唐書』日本国伝の「東、毛人の国」記載は、事実の日本史と考えるのが正当とおもいます。

二　武蔵稲荷山古墳出土の「鉄剣黄金銘文」

この正当性をしめすものが、埼玉県の武蔵稲荷山古墳出土の「鉄剣の黄金銘文」です。この問題を、最初にとりあげられたのは古田武彦氏（『古代は輝いていた・Ⅱ』、朝日新聞社、一九八五年、第一刷）です。

さてこの黄金銘文は鉄剣の表裏に記され、その表側に「辛亥の年、七月中に記す。」とあり、裏面には、「其の児、加差披余《カサヒヨ》と名づく。其の児、乎の獲居の臣《オノワケノオミ》と名づく。世々杖刀の人首と為りて奉事来至す。今獲て加多支鹵（「カタシロ」か）大王・寺、斯鬼宮に在り。

時に（吾）左《たす》けて天下を治す。（＝今、加多支鹵大王・寺（役所）、斯鬼宮に在る時を獲て、吾左《たす》けて天下を治す。」）とあると古田氏は述べておられます。

この鉄剣銘文の急所は、「吾」、すなわちオノワケノオミは、「世々、杖刀の人首」を務める家柄で、カタシロ大王の寺（役所・王宮）が斯鬼宮に在る時、「吾《オノワケノオミ》は、左《たす》けて天下を治した（「左治天下」）。」というところにあるのです。この「左治天下」という言葉は、司馬遷の『史記』をはじめ、中國古典に実に有名な言葉で、古田氏は次の例を挙げておられます。

A「大宰の職は、邦の六典を建て、以て王を佐《たす》け、邦国を治するを掌《つかさど》る。」（『周礼』、天宮、大宰。傍線は引用者）。

B「男弟有り、佐《たす》けて国を治む。」（『三国志』、魏志倭人伝）。

C「太宰……周武（周の武王）の時、周公始めて之に居り。邦の治を建つるを掌る。」（『通典』職官、太宰）。古田武彦氏著、『古代は輝いていた・Ⅱ』、二九四頁、朝日新聞社、一九八五年、第一刷』。

この「佐治天下」とは、日本では一般的に「摂政」とも言われ、意味は「天子にかわって政治を司る」という意味です。すなわちこの鉄剣を造った人物「オノワケノオミ」は、「カタシロ大王の王宮が斯鬼宮にある時代、自分は摂政を務めた。」と鉄剣に刻んでいるのです。

通説はこの鉄剣の王名を「獲加多支　大王」と区切って、「ワカタケル大王」と読み、これを「オハツセノワカタケ（大泊瀬幼武）、つまりは雄略天皇にあて、「斯鬼宮」をもヤマトの磯城に当てるわけです。

そうしてこの剣を雄略天皇に献上されたものと称するのです。しかしこうした解釈は、以下の点に照らしてなりたたないという、古田氏の指摘をここに述べますが、その前に、私見としてまず第一に、この鉄剣の黄金銘文の理解・解読問題を考えるに当たって、『雄略記・紀』のどこに、〝雄略天皇の治世時代に関東の人間が、天皇に代わって政治を司った〟、〝日本を統治した〟などという記述があるか、という点です。

もちろんそんな記事は『雄略記・紀』にはありません。文献に一切記載がないにもかかわらず、考古学者などが「考古学的」見解と称して、文献にない〝見解〟、たとえば「三角縁神獣鏡・魏鏡説」などを、「自由に掲げる」のが日本古代史学の常ですが、これはすでに指摘した旧大陸の古代史にかかわる考古学の姿とは、まったく異なるという点、あらためて指摘しておきます。こうした文献にないことを、「考古学」の名で自由に言うことは許されないものです。

さてもとにもどって「ワカタケル」という読み下しは、漢字ないしは漢文としては可能ですが、しかし、たとえそう読めても、それは固有名詞、つまりは人名にはならないという、古田氏の指摘が道理だという点です。なぜならば「ワカタケル」とは「若い」と「たける」、すなわち「たけり狂う」などの「たける」を併せた言葉で「暴れ者」、または「強者・英雄」の意味で、「ワカタケル」とは、〝若い暴れ者・若い英雄〟という意味であって、『記・紀』では「クマソノタケル」

が有名です。

その他に「イズモのタケル」、「ヤマトのタケル」などがあります。ただしこれらの『記・紀』に登場する「タケル」は、すべて地名や部族名らしきものがつけられています。単に「ワカタケル」や「タケル」だけでは、どこの「若い暴れ者・英雄」か、分からないわけです。

つまり「ワカタケル」だけでは、人名や人間を特定する固有名詞には、そもそもなりえないという問題です。したがってそうした「人名」はないのは、日本語文法のイロハの問題だということです。つまりこの鉄剣の王名を、「ワカタケル」と読むのは、〝人名としては日本語文法にない読みだ〟、これが古田氏の指摘です。当然でありませんか。

つぎが、「ワカタケル」を雄略天皇に当てる仕方です。雄略天皇は『古事記』では、「大長谷若《オホハツセノワカ》建《タケ》」であって、「長谷の朝倉宮に座しまして天の下を治らすなり。」とその名の由来が記され、同様に『日本書紀』では「大泊瀬幼武《オホハツセノワカタケ》」であって、「……天皇、有司に命《みことおほ》せて、壇を泊瀬《はつせ》の朝倉に設けて、即天皇位《あまつひつぎしろしめ》す。遂に宮を定む。」とあって、その「治世一代限りの宮」の所在地の地名をつけての命名ということが記されています。つまりは〝どこの〟「ワカタケル」かを、特定しているわけです。この点で通説の「ワカタケル」読みの第一点目は、「事実の探究」云々以前に、日本語文法に照らして〝なりたたない〟ということです。

第二点目は、「斯鬼宮に在る時を獲て」とある、シキミヤです。通説はこれをキンキ・ヤマトの「磯城」と主張するのです。しかし『記・紀』の雄略天皇の宮名は、前述のとおり「シキ宮」ではないわけです。すなわち通説の主張は、「人名にかかわる日本語文法とも、記・紀の宮名記載の事実とも一致しない」のです。こうなるのもこの鉄剣銘文を〝『記・紀』の精神で理解〟、すなわちなにが何でもヤマト朝廷以外の王朝・国家の存在は認めない、という見地にたって「理解」しようとするからです。つまりは「まず初めにヤマト朝廷ありき」という歴史観です。しかし「シキ」は別に関西の専売特許ではなく、関東にもあるという古田氏の指摘です。関東の人ならば「志木」を知らない人はいないでしょう。しかも志木の他に、古田氏の探究で「磯城宮」までがあることが判明しているわけです。

それは「字《あざ》地名が〝磯城宮〟である上に、その境内には〝大前神社、其の先。磯城宮と号す」という一文をふくむ、明治一二年建碑の石碑が現存する。大前神社は『延喜式』の式内社だが、『延喜式』以前の古名が、『磯城宮』だったのである。〟」（前掲書、二九九頁）と古田氏は指摘されています。これを読まれて通説の態度と古田氏の探求のどちらを、『事実の探究』と判断されるでしょうか。

以上、一つは『旧唐書』日本国伝の「領域」記事、もう一つは、武蔵稲荷山古墳出土の「鉄剣銘文」を解読するならば、古田氏の探究こそが〝真の歴史の探究〟であって、五世紀、東国に王朝を自称する勢力が存在したことは、日本古代史の偽らざる真実の姿でしょう。「上毛野氏」などが考察の対象になるかとおもわれます。

〈参考文献〉

『古事記』
『旧唐書』日本国伝
上田正昭『古代国家成立史の研究』一九八二年　青木書房
青木和夫『日本の歴史・三』中公文庫
『日本書紀・下』
古田武彦『古代は輝いていたⅡ』　朝日新聞社　一九八五年
『三国志』魏志倭人伝

第一〇章　七世紀以前のキンキ地方の三つの問題

日本古代史学は『記・紀』の一元史を史実とする結果、奈良・京都などが日本古代文明発祥・発展の地ででもあるかに云い、そう信じている人も多いでしょう。

しかし真の古代近畿地方の、日本史上の位置と役割を正しく知るには、通説がいっさい触れない三つの問題があるのです。それを列挙すれば、第一に、水田稲作の九州にたいする近畿地方の数百年以上の遅れという問題です。しかもこれは通説内でもとり上げられる事態が生まれています。しかし反対派も必死の抵抗です。これを認めれば近畿中心主義が根柢からくつがえされるからです。

第二は、近畿地方の水田稲作を担った人々と、先住民の矛盾という問題です。これは『古事記・日本書紀』では、まず九州の「クマソ討伐記事」（景行記・紀）として記されており、そのキンキ版が『神武記・紀』（記・紀と日本古代史学では、九州と近畿の時代が逆転）です。しかし、戦後の通説は、津田史学の〝記紀の神話・神武記載・造作説〟を掲げて、この問題を不問にふしてきました。第三は、近畿地方の古代の地勢という問題です。今日、大阪方面を〝難波〟と言いますが、この地名が生まれた地勢的背景です。これらを無視しては、キンキ地方の「古代史」は、本来は成り立たないのではないかという問題です。

本書は、日本古代国家成立の絶対的前提条件である、水田稲作の日本における定着・展開という問題を根底に、北九州とキンキ地方を対比しつつ、いわば一から考えるというもっとも確実な観点・方法で進んでいきます。

一　北九州とキンキ地方の「水田稲作の時差」問題

本来、科学的な日本古代史探究の真の土台は、この水田稲作の開始時期がいつか、その北九州と近畿地方の時差が基本問題なのです。

通説はこの問題で例えば直木孝次郎氏は、「……水稲農業を主要な生産手段とする弥生文化が生まれる。その文化は東南アジアを原産地（実際は揚子江中下流域。引用者）とする、イネを受けいれるのにもっとも便利の多い北九州でまずおこり、百年未満の短期間のうちに伊勢湾沿岸を東限とする西日本一帯にひろがり、それから東への進行はややスピードがにぶるが、二、三百年のあいだに東日本の大部分も、弥生文化の圏内にはいってしまう。」（『日本の歴史』「I倭国の誕生」、一一六頁、小学館、一九八七年、初版第一一刷）といわれ、北九州～キンキ間の時差を「百年未満」とされています。

同様に小林行雄氏もその著『古墳時代の研究』で、「弥生時代にはじまった農耕（水田稲作）は、比較的にはやく日本の大部分に普及した……」（同書、三五頁）といわれています。すなわち「北九州～キンキ間の水田稲作の開始時期の差はほとんどない。」という見解です。

①時差、約五〇〇年

しかし真に科学的な放射性炭素14C年代測定法では、その差は五〇〇年程度開くのです。学問・日本古代史は、一貫してこれを無視し否定するのです。まずは、放射性炭素14C年代測定法による二つの例です。その一つは、二〇〇三年に国立歴史民俗博物館がおこなった、「九州北部の弥生早・前期の土器である、夜臼Ⅱ式と板付Ⅰ式の煮炊き用土器に付着していた煮焦げやふきこぼれなどの炭化物を、AMSによる炭素14年代測定法によって計測し、得られた炭素14年代を年輪年代法にもとづいた国際標準のデータベース（暦年較正曲線）をつかって暦年代に転換したところ、11点の試料のうち10点が紀元前九〇〇〜七五〇年に集中する結果を得た。」（歴博特別講演会、「弥生時代の開始年代」、二〇〇三年七月二五日、津田ホール。傍線は引用者）とあります。

当時の新聞は、これを「弥生時代、五〇〇年はやまる」と報道しました。日本の古代史学者諸氏の多くは、この歴博の自然科学的年代測定法とその測定値に反対しています。その理由は、北九州とキンキ地方の水田稲作の時差が、一挙に数百年間も開くからでしょう。それにしても「一元史観」の国立の機関が、世界が採用する自然科学的な年代測定法にしたがった結果に、おなじ一元史観の国公立・私学の大学等の諸権威から猛攻をあびせられる、この日本の光景は異様なものと思います。もう一つの放射性炭素年代測定値は、先述の中村純教授の花粉分析学の測定値です。

これに対して、大学の日本古代史学では、「一方、暦年代での議論を進めようという第四紀学会の方針に照らせば、学際的な研究分野でのダブルスタンダードは好ましくない。自然科学の分野では、年輪年代学や湖沼堆積物の縞粘土による年縞法の開発など、一年単位で議論する年代決定の方法が用いられており、一人考古学（ここでは通説の日本古代史。引用者）が置き去りにされている印象があるかもしれない。

しかし、考古学が遺物の配列（土器の地層別・文化層別配列＝「土器編年」）によって相対年代を決定してから、実年代を推定する手続きを重視している以上、安易な炭素14年代によりかかることはさけ、まずは型式的研究（土器編年）を進めるのが筋だろう。」（『岩波講座・日本歴史』第一巻、七八頁。二〇一三年）という有様です。驚きです。

②縄文史学、「土器編年」を否定

ここで縄文考古学で「土器編年」が、どのように否定されたかを示すことは、日本古代史の真実の探究上、大きな意味があるでしょう。これを今村啓爾氏著の『縄文の実像をもとめて』（吉川弘文館、「歴史文化ライブラリー76」一九九九年、第一刷）で見ていきます。

縄文史学でも「土器編年」派はいたわけです。しかもそれは、「日本先史考古学の父」と呼ばれた山内清男氏を筆頭とする人々とあります。さて「放射性炭素年代測定法は、……岡山県黄島貝塚の縄文早期に八四〇〇ＢＰ……さらに神奈川県夏島貝塚の夏島式土器出土層に九四五〇ＢＰ

と九二四〇ＢＰという年代を与えた（ＢＰとは〝この年代測定法が開発された一九五〇年から数えて何年前かという意味〟ですが、一般的には「今から何年前」といっても問題なし、との注釈があります）。

ところがこの年代は当時知られていた土器の年代としては、世界のどの土器よりも古い。『縄文土器は世界最古？』という新聞記事に考古学者（ここは縄文古考古学）たちの間に大きな衝撃が走り、やがてその年代の当否をめぐって、学界の意見は二分された。……中略……放射性炭素年代を信じる人たちが、日本の土器以前の時代は一万年以前の旧石器時代にあたり、縄文土器の始まりが更新世末か完新世初頭にあたるとしたのに対し、山内清男・佐藤達夫（とくに山内清男氏は、縄文土器編年および日本先史考古学の権威という）は、日本の無土器の時代には磨製石器があるから一万年以降の新石器時代に属し、土器をもつ縄文時代はさらに大きく遅れて新石器時代の後半にあたるとする独自の年代観を打ち出したのである。

山内・佐藤説は考古学の範囲内では整合性のとれた、当時の世界先史文化研究の大勢からいっても妥当な説であった。海外の研究状況をよく把握する山内・佐藤にしてはじめてなしうる仕事である。考古学の主体的方法を貫いたことでも評価される。

しかし先史時代も地球を舞台として展開した歴史の一部である。考古学の純粋な方法論でないからと、地球上で起こった自然の変化と切り離して考古学独自の世界に鎖国することは許されない。放射性炭素年代に従う第一の道、道具の比較によって大陸文化との年代関係を考える第二の道のほかに、第三の道として、当時の自然環境はどちらの説に適合するかを見る方法がある。そうしてこの方法によるならば、明らかに前者の年代が支持される。

第一に「無土器時代」の地層であるローム層の時代がはっきり寒冷気候であることが遺跡に埋没した植物の遺存体や同じ時代に堆積した沼などの地層の中の花粉から明らかにされた。この寒冷な気候は、別名氷河時代ともよばれる更新世以外に考えられないものである。……中略……自然科学ばかりでない。考古学（先史）の分野でも山内・佐藤説に不利な証拠があげられていたが、もっとも決定的なのは、日本の「無土器時代」末期の細石器文化に見られるクサビ型細石核という非常に特殊な技術で作られた石器と、荒屋型彫器と呼ばれるこれまた特殊な溝切り用細石器の組み合わせである。同じ石器の組み合わせが北中國や東ロシヤにも広く分布する。……中略……このクサビ形細石核の文化が中國やロシヤでも、旧石器時代の末期に位置づけられている（傍線は引用者）。

そして文化大革命の混乱から抜け出た中國考古学における目覚ましい新発見と放射性炭素年代測定の開始は、中國の農耕文化が八〇〇〇年以上前に独自に形成されたことを明らかにし、中國の農耕が西アジアから伝来したという旧説を否定し、一万年の古さに達する土器の存在が明らかにされた。日本の土器ばかりが飛びぬけて古い（放射性炭素年代測定値）わけでなくなった。……最近では東ロシヤのいくつかの遺跡で一万三〇〇〇年ＢＰという縄文土器に匹敵、あるいはそれを超えるほどの古さの土器の発見が報じられている。

それらはみな従来の考古学の常識を覆す発見であった。もはや年代の問題にとどまらず、世界の先史文化全体が、従来の枠組み――ヨーロッパ・西アジアで組み立てられた枠組みの延長線上にはとうてい収まらないことが分かってきた。」（同書、九～一八頁）、と云われています。

これは従来の〝ヨーロッパ・欧米中心主義・文明開化礼賛的な思想と気分〟の限界とその克服でしょうか。

しかも興味深いことは、日本古代史と違って、縄文史学は中國の先史考古学とは対立関係もなく、おなじ極東・アジアの先史考古学としての関連性があるのか、大学等の日本古代史学が古代中國文献の否定に躍起になるのに反して、中國での発展を喜ぶ姿は新鮮にみえます。

こうして通説が拒否する放射性炭素年代測定法とその数値は、日本の先史考古学においても、その正当性が確認されたわけです。なおここで一語断っておきたいのは、放射性炭素年代測定法に反対された山内氏等には、通説が古代中國史料に意図的に反対するというような動機はなく、学問発展の歴史にある新旧の交代にみる、一つの例ということとおもいます。

二　花粉分析学の水田稲作の起原論と「小氷河期」問題

次は国立歴史民族博物館の炭素年代測定よりはるかに早い、一九八一年の発表された高知大学名誉教授の中村純博士の花粉分析学による、北九州および全国的な水田稲作の起源の測定値です。それは、「花粉から分かる稲作の苦闘」（『朝日科学』、四一巻六号、一九八一年）に記されています。中村氏の研究にふれるにあたって、述べておきたいことは、花粉分析学は古代気象と植物相の関係の研究では、中國をはじめ外国では非常に重視されている、自然科学の一分野という点です。

北九州の水田稲作の起源にかんして大きくは二例あって、その一つは福岡県の「板付遺跡」の「J23地点」と、福岡県遠賀川沿いの「鞍手地区14地点」で、炭素年代値は「三四〇〇年前」（前掲書四五頁）。その二は、「板付遺跡」の「G・7A地点」では二一九〇〇年前（前掲書、同頁）です。

日本古代史学の諸先生は、この中村純教授の花粉分析からの研究をも、一切無視してきたことはさきに引用した直木孝次郎氏や小林行雄氏等の稲作起源論をみれば明瞭でしょう。しかも中村氏の〝「G・7A地点」での測定値が二一九〇〇年前〟という点、歴博の先の年代測定値と一致しています。その意味は、「板付遺跡」の「J23地点」と、福岡県遠賀川沿いの「区14地点」での「三四〇〇〇年前」という値の正当性をも示すものでしょう。すなわちいまから三四〇〇年前ごろに、北九州で水田稲作がおこなわれていた、ということです。

「それは一介の学者の言い分に過ぎない」のでしょうか。しかも通説にとって不幸なことに肝心の『古事記・日本書紀』の「天下り神話」が、なんと中村説への援軍となって「天下る」のです。あたかも『聖書』や古代ギリシャ・ローマ神話の背後の真実が、一九世紀の科学的考古学をつうじてその真の姿をあらわしたように、です。

さて中村純博士は先の『朝日科学』掲載の、「花粉から分かる稲作の苦闘」で、「……三〇〇〇年前を中心とした約三〇〇〇年間は、植生破壊（気候の寒冷化）が著しい。」（同書、四五頁）とあって、この時期を「一時的植生破壊期」と呼んでおられます。

そうしてこの「一時的植生破壊期」を含めて、「板付遺跡のJ23地点と福岡県遠賀川沿いの鞍手地区で、三四〇〇年以上も前から現在並みの集約度で稲作が行なわれていた。」（同書四五頁）と言われ、さらに「北九州で稲作が始まってから、一時的植生破壊期を含む数百年の間に稲作が始まった地域は、まだ発見されていない。」（同書、四七頁。傍線は引用者）と指摘されています。「しかし北九州から中國側瀬戸内、奈良盆地を経て浜名湖にいたる線（以後、「北九州〜浜名湖線」という）の南側の地点では、一時的植生破壊期が終わると、ほとんど時を同じくして稲作が始まる。」（四七頁）とあります。

まとめれば北九州では約三四〇〇年以上前まえから水田稲作が行なわれ、その後三〇〇〇年前を中心に数百年の間、「植生破壊期」が訪れ、九州以外では水田稲作が行なわれた地域はなく、その後「植生破壊期」が終焉にむかうと「北九州〜浜名湖を結ぶ線（北九州〜浜名湖線）（図3）の南側では、一斉に稲作が始まった。」ということです。以上の指摘を踏まえるならば、北九州と近畿地方との水田稲作の時差は、五〜六百年となるとおもわれます。キンキ地方が日本古代国家形成・発展の中心地になど、なりえないことは明かでしょう。

なお、「北九州〜浜名湖線」の正当性をしめすものとして、一九八六年一〇月一八日に青森県八戸市で開催された、日本考古学協会の大会の基調報告で示された、「遠賀川系（弥生前期）土器分布図」（図4）をも掲載しておきます。これでは関東の空白が目をひくでしょう。

この図は通説の土器編年による弥生時代前期水田稲作の分布図です。この図では日本海側から東北まで、稲作が行なわれていたということになっています。ところが二〇一三年刊の『岩波講座・日本歴史』（第一巻）では、さすがの通説も従来の見解の変更を余儀なくされて、次のように述べています。

「東北地方北部を弥生文化の範疇からはずす意見もある

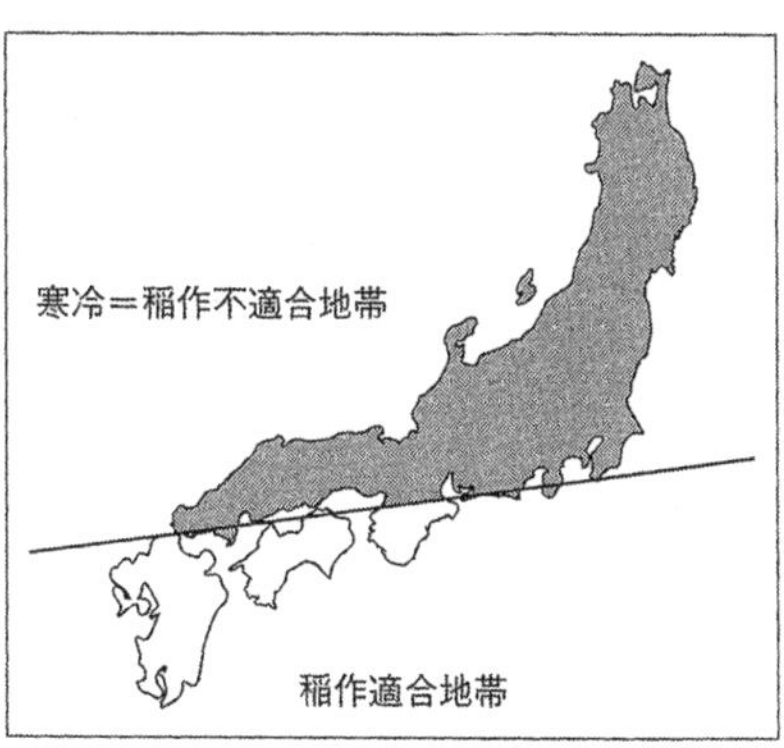

図3　北九州〜浜名湖線

が、水田をはじめとする稲作志向が関東地方より強く（関東の人は志向が弱かったのか？　引用者）拡大再生産も企画した状況からすれば、弥生文化の範疇で理解することが適切である。弥生後期に寒冷化の影響をうけて、続縄文文化に包摂されたのは、イネの生態上不可避のこと……」（同書、七四頁。傍線は引用者）と、「土器編年」的観念のままに、東北方面の寒冷化の影響をしぶしぶ承認しています。これを中村純博士の見地からいえば日本海側から関東・東北にかけて、寒冷化の影響で水田稲作は不可能になったということでしょう。ここにたって「遠賀川系（弥生前期）土器分布図」をみれば、「土器」密集地域は「北九州～浜名湖線」とその南側であることは明瞭でしょう。すなわち中村純博士の花粉分析学の研究とその見解は正しいものです。「北九州～浜名湖線」は実在した気象線です。

図４　遠賀川系（弥生前期）土器分布図

三　「神武の東征（東進）」は史実

「中村論文」では「北九州～浜名湖線」がうまれるや、その南側で一斉に水田稲作が開始され

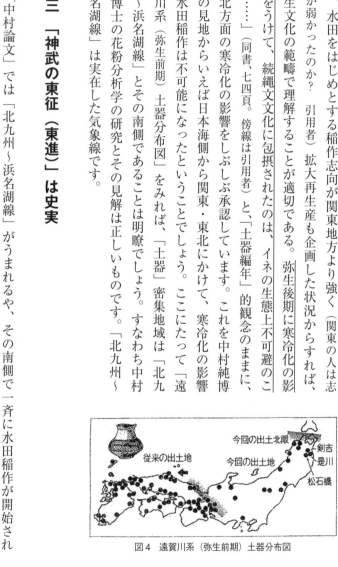

たとあります。興味深いことに、この情景を目に見えるように伝えているのが、『日本書紀』神武紀の次の一節です。

「鹽土老翁に聞き、曰《い》ひしく、『東に美《よ》き地《くに》あり。青山《せいざん》四周《よも》にめぐれり。其の中に亦、天磐船に乗りて飛び降る者有り』といひき。余謂《われおもう》に、彼《そ》地に、必ず以て、大業を恢弘《ひらきの》べて、天下に公宅《みちお》（権力者の大きい館）るに足りるべし。蓋《けだ》し六合《クニ》の中心《もなか》か、厥《そ》の飛び降るといふ者は、是饒速日《これにぎはやひ》（物部氏の遠祖）と謂ふか。」（『日本書紀・上』、一八九頁。傍線は引用者。なお「鹽土」は「塩筒」とある場合もあり）。

この「鹽土《しほつつ》（筒）の老翁《おじ》」にかんしては、同書一五七頁「上段注二二」で鹽は海、〝土・筒〟は「ツツ」で古い日本語の星、つまりは星を仰いで遠洋航海をおこなう舵取り、「老翁・ヲジ」は老人への尊称。要するに遠洋航海に習熟した「舵取り」をさした言葉という注釈があります。

この〝舵取り〟の古代日本で有名な代表が、福岡県志賀の島の「海神神社」です。関東の香取神社は、この「舵取り」が訛ったものともいいます。安芸の宮島はこの「海神神社」の平の清盛による招聘でしょう。春日大社も北九州からのこの分身の移動といいます。志賀の島の海神神社には、鹿の角数十頭分が奉納されていると指摘され、この系列の神社は、みな鹿が放たれているのが特徴です。つまりその本拠は九州・志賀の島の「海神神社」です。

さてもとにもどって『古事記』（神武記）では、「神倭伊波禮毘命《かみやまといわれびこのみこと》、その同母兄五瀬命《いろせいつせのみこと》と二柱、高千穂宮に座《ま》して、議《はか》りて云《の》りたまひけらく、『何地に座《まさ》ば、平けく天の下の政を聞こしめさむ。なほ東に行かむ。』とのたまひて、日向より発たして筑紫に幸行《い》で……」となっています。今日の宮崎県の日向に「都」があったというのです。

先述の『唐書』日本伝の遣唐使の説明では、「初主を天の御中主と号す。彦瀲《ゲンレン》（あまつひこひこなぎさたけうがやふきあえずのみこと）に至る凡そ三十二世は、皆、尊《みこと》を以て号となし、筑紫城にいる。」とあります。そもそも「筑紫城」とはどこですか、この「筑紫城」も『古事記』の「日向の高千穂宮」も、後述するように八世紀のヤマト朝廷と、『記・紀』の編者等の造作でしょう。この「筑紫城」の真意は、北九州・「倭国」の意でしょう。

理由は、宮崎県の日向が日本の水田稲作の発祥の地とは、聞いたことがありません。そこに「宮」があるといっても、その記事が事実ならば、「神武は九州統一の王で、ここから未開の地の近畿に出発した」ということになります。敵からの攻撃も自然災害もなく、自分の都を自らすてて、未開の地に移動するなどは、国家発展史という歴史論からは、あり得ない話でしょう。

こうして当時のキンキ地方、すなわち北九州・九州からみて未開拓の地に、故郷を捨て、行くのはどんな人々か、それは故郷に生きる希望を持てない境遇の人々でしょう。「何地に座《まさ》ば、平けく天の下の政を聞こしめさむ。なほ東に行かむ。」の、傍線部分は後代の造作で本当のところは、「同母の兄と〝俺たちはどこに行ったらいいかな、やっぱり土地のない者が皆めざす東に行って運をためす以外にない。〃」というのが、本当の姿でしょう。

この神武兄弟の話は、しかしマルクス・エンゲルス、モーガンの氏族社会論にもありました。氏族社会にひろくみられる「自立した遠征隊」です。彼らは狩り、採集、略奪という方法で、食料を確保しつつ遠征・移動をする人々です。かの有名な「ゲルマン民族の大移動」も、こうした形式を伴いつつ行なわれたわけです。しかも近世のイギリス等からのアメリカ新大陸への移住者同様に、〃女・子供同伴〃の旅でもあるわけです。したがって「辛酉の春正月……に、天皇、橿原の宮に即帝位《あまつひつぎしろしめ》す。」（『紀・上』、二一三頁）などというは、後代のヤマト朝廷とその史官等の造作であって、実際はそこの地を占拠したということです。

四　「北九州〜浜名湖線」にそった移動

すなわち北九州で水田稲作が開始されて以来、数百年間、この方面は当時の日本で最大の人口密集地となったはずです。逆にいえば「土地を持たない、十分にもたない」人々の誕生とその数の増大という問題です。したがって「北九州〜浜名湖線」が形成されるや、新天地をもとめて移動する人々が生まれたのは自然なことです。これは同時に日本古代文明の形成のみならず、その文化のキンキ地方など本州への普及にも大きな影響を与えたと考えられます。つまりは日本古代文明・北九州発祥・普及論です。ここでは従来の学者のうち、九州からの東進論にたたれる学者の〝九州本源説〟を二例述べます。

イ　北九州からの〝東進説〟

以下に引用するのは皇国史観にたっている西田長男氏の、『古代文学の周辺』（南雲堂桜楓社、一九六四年）の一節です。「志賀の海人・海部は、夙くよりその本郷を離れて、我が本土の津々浦々に藩衍《はんえん》（＝ひろがる）した。……中略……今、試みに、平安中期以前の資料に従って志賀の海部（志賀の島・海神社を崇拝する部族、引用者）の藩衍した主もなるところを挙ぐるに、筑前並びに対馬・壱岐はもとより、豊後・隠岐・伯耆・播磨・讃岐・阿波・淡路・摂津・河内・山城・近江・三河・信濃などの国々を指摘し得られ、彼等はただ海岸沿いのみならず、更に内陸深くまでも移住して、その所々に強固なる地盤を築くに至った有様を察することが出来る。また、諸国の地名を散見するアツミ（渥美、厚見、温海、熱見）、アタミ（熱海、阿潭）、アクミ（飽海）なども、安曇部の開拓地であろうといわれる。」（同書、三〇六頁）。

これは『記・紀』神話がいう「天孫降臨民族」、すなわち「アマ氏族」は、通説が言う「日本に水田稲作をもたらした渡来人」の一派と考えられます。〝『記・紀』の神話〟とは、実は神話形式の北九州で水田稲作を開始・普及した海人族、すなわち志賀島の海神神社を祭る安曇族の弥生期の史実の伝承と考えられるのです。

この点、すでに古田武彦氏によって『記・紀』神話が史実の神話的伝承という点について、『盗まれた神話』ではじめて解明されています。そうして「天下り神話」とは、実は約三〇〇〇年前におとずれた「小氷期」に、それ以前から筑紫の地を占有していた、出雲族（倭人部族・海人族の一派）のもつ水田稲作の適地を、新来の〝アメ氏族・海人族〟が乗っ取ったという、弥生史の史実を神話的に伝えたものと考えられます。

「天下り」とは今日、日本人が東京から地方に行くことを「下り」、その逆を「上り」というのとおなじで、「アメ氏族の聖地」（沖ノ島？　対馬？）から、その他の地域に行くことを「下り」、その逆を「上り」といったと古田氏はさきの著書で指摘されています。しかも「上り・下り」という表現がつく交通は、弥生時代は「船」だという点です。現に先に引用した『日本書紀』神武紀には、「天磐船に乗りて飛び降る者有り……」とありました。今日、この「上り・下り」がつくのは汽車・電車が代表です。ところがこれが理解できなかった「皇国史観」学派と、戦後の大学の日本古代史学の諸先生は、「天空から舞いおりること」と勘違いしたわけです。

したがって「天下り神話」の実態は、すでにのべたマルクスの「氏族社会の特質論」（五〇頁参照）の、日本における見事な伝承ということになり、またその他部族への攻撃・そのための遠征・移動の形式は、先に指摘したモーガン・エンゲルスの「ゲルマン民族の移動」と共通の性格を指摘し得る結果となるのです。

しかし、わが国のマルクス主義を云々する日本古代史の学者諸氏は、マルクス、モーガンの名をかかげつつ、通説の一構成部分に鎮座して〝『記・紀』の神話・造作論という、「万世一系論」の津田史学の神話・造作論〟に拝礼するのです。しかし、これは私見では、マルクス、モーガンの科学的な定住氏族社会論の否認に過ぎません。

現に、二〇一三年刊の『岩波講座・日本歴史』（第一巻）では、「古代史への招待」の章の冒頭に、「石母田正『日本の古代国家』」（同書、五頁）として、〝マルクス主義者〟の石母田正氏が絶賛されています。「（石母田氏は）唯物史観にもとづく歴史学研究会の中枢にいたのだが、本書においては、そうした左派的研究よりもむしろ、対立していたはずの右派というべき実証主義的考証論文（？・、引用者）が多く参照されて、戦後二五年余りで積み重ねられた実証主義的研究成果を見事に統合し、それに新たな意味を与えたという点でも、画期といえるだろう。」など戦後の〝実証主義〟的「ヤマト朝廷一元史構築に、大きく貢献した」というわけです。

しかしその「実証主義」は、さきに指摘したとおり徹底的に批判され、破綻したものです。にもかかわらず二〇一三年刊の『岩波講座・日本歴史』（第一巻）は、その「帯」で、一元史観を日本社会の〝羅針盤〟と称しています。

だがこれは尊皇・日本論を国是として、日本国民に巨大な犠牲と悲惨、「敗戦」という民族的な恥辱をもたらした近世・近代尊皇日本論を、なんの反省もなく〝羅針盤〟と強弁するものではありませんか。こうした日本史観、すなわち明治維新の「尊皇論の一元史観」を金科玉条として、はたして正しく日本社会の前進をかちとれるのか、問われることになるでしょう。

もとにもどって「出雲族」もまた海人族であるという点、先述しました。ただし以上の渡来人は、通説の「渡来人」とは別です。なぜならば通説の「渡来人」とは、「小人数の男だけが渡来し、たちまち縄文人女性と混血して「ヤマト民族が形成された」という、世界の氏族社会の人間像に共通の普遍的性格とは、根本的に対立する「珍説」（後述）だからです。

いったい日本に水田稲作をもたらした人々は、どこからきたのか、この問に、通説は御承知のとおり、第一に朝鮮半島を挙げています。ところが肝心のその朝鮮半島の人々は「渡海」、すなわち航海能力にかんして、次のように述べています。

「王、臣下に謂って曰く。倭人、屡々我が城邑を犯す。百姓、安居するを得ず。吾、百濟と謀りて、一時に海に泛び、入りてその国を討たんと欲す。如何にと。」、これにたいする臣下の答えは「吾人、水戦に慣れず。険を冒して遠征せば、恐らくは不測の危なきことあらん……」（佐伯有清氏編訳、『三国史記倭人伝』、三八頁、岩波文庫、一九八八年、第三刷）。海では倭人が上ということです。

一方倭人は、先述のとおりに古くから今日の上海方面まで航海する人々です。しかも朝鮮半島からは、一枚も「三角縁神獣鏡は出土していない。」と、王仲殊氏が指摘されているわけです。

こうして通説の「渡来人、朝鮮半島から男だけ」論は、揺らぐのですが、これが最終的に否定される点は後述します。

ロ "前方後円墳・北九州発生論" その一

さて通説は巨大前方後円墳・古代ヤマト朝廷造営論を真理のように主張して、日本古代文化・キンキ・ヤマト中心論を高々と掲げるのですが、しかしこれをうち消す、筑紫発生・発展論を支持する研究もあります。

造山古墳は「全長三五〇メートルの全国屈指の巨大前方後円墳である。」ことは知られています。この古墳の近くに「低い前方部をもつ長さ七〇メートルばかりの千足古墳がある。……この装飾石障にかぎらず、すべての石障の石は、九州の唐津湾岸周辺の砂岩製と考えられる。また石室を構成した多くの板条の石のなかで玄武岩ないし安山岩系のものには、ともに北部九州から運ばれた石と思われる。この古墳は、構造や装飾にかぎらず、主要な石まで九州的であり、古墳築造の材料から構築技術者まで九州からは運ばれたとみられる。榊山古墳が朝鮮的であり、造山古墳の主体部が九州的であることは、この吉備の主たちがいかに西の勢力とつよく関係しているかがうかがえる。」(『日本の古代遺跡』(岡山)、一二〇〜一二四頁、森浩一氏企画、間壁忠彦・間壁葭子氏共著、保育社、一九九五年、第三刷)。

八　〝前方後円墳・北九州発生論〟その二

つぎは一元史観の「邪馬台国・九州説」の井上光貞氏の、「沖ノ島」観察記です。「祭祀場の跡は巨石の蔭にあった。古墳のように土中に埋もれておらず、まるで昨日そこに置き去ったように銅鏡や金銅製品が輝いていた。沖の島への奉納品は、古墳の時代、とくに中期や後期の品物が多いが、調査の対象になったものだけでも、銅鏡四二面、鉄刀二四一本をはじめ装身具や馬具など、当時の大古墳の副葬品にも劣らないものが数万点も発見されている。

この多数の、また優秀な奉納品は、大和政権の海外進出にともなった国家的規模の大祭祀でなければとうてい考えられない。沖の島はもともとは、この地方の集団の祭祀の場であったろうが、やがて大和政権はこの神々を国家的な規模で祭り、それの朝鮮経営の守護や軍船の安全を祈ったのであろう。」（井上光貞氏著、『日本の歴史・1』、四〇〇頁、中公文庫、一九八八年、二四刷。傍線は引用者）。

井上氏は、いうまでもなく一元史観の著名な学者のお一人です。しかし指摘したとおり、「五世紀、ヤマト朝廷・全国統一論」などは、戦後の「ヤマト朝廷一元史観」の説であって、国家には首都が前提という世界の歴史学の〝国家組織の形成・発展〟にかんする研究と、古代中国正史類の対日交流記をふまえ、かつ『記・紀』等の「ヤマト朝廷一元史観」とは両立しない記事をもみつめれば、「キンキ地方の大古墳の副葬品にも劣らない奉納品」は、「倭国・王朝」のものであって、そもそも沖の島は、宗像氏などの「倭国」形成の大氏族、およびおそらくは「倭王朝」自身の祭祀の場ではなかったのか、という問題をも提起する遺跡と思います。そうしてこれはキンキ地方の大古墳の埋葬品の性格を偲ばせる要素と思います。すなわちキンキ地方の古墳文化は、北九州から来たという性格です。

九州には「倭国滅亡後」も黙々として、かっての「倭国」をささえた大氏族の神社があるというのが実体でしょう。志賀島の海神神社、宗像、住吉、大分県の後述する宇佐神宮、さらにその他に出雲大社をはじめ、倭人の弥生時代以来の信仰を根底として生まれた神社です。これらは「ヤマト朝廷」神聖化の〝日本神道〟および、それを飾る神社とは厳しく区別され、あらためて重視され、文化遺産としても正しく評価・保護されるべき、真の民族文化と思います。

寺院のみならず民族文化の一つの柱として、「倭国〜弥生時代」の文化として国家的社会的な評価と位置づけ、その研究が、本来は求められるものと思います。この点、「日本神話造作論」は間違いと思います。また菅原道真で粉飾される大宰府天満宮も、「倭国」の中枢的歴史的文化遺産であって、「菅原道真伝承」は古代ヤマト朝廷の粉飾として再検討されるべきでしょう。

同時に、弥生文化の中心地は北九州・九州から日本海側にあって、四国にも及ぶかと思われますが、今日の東海道方面は当時、〝裏日本〟的存在ではなかったかという問題もあるのではないかと考えます。

五　三角縁神獣鏡の用途は？

古代日本の「鏡」信仰誕生の背景は、約三〇〇〇年前から数百年間つづいたという「一時的気候の寒冷化」ではないか、これが私の考え方です。もちろん「天照大神」信仰も、また氏族社会的母系制の遺制とともに、この「小氷期」が深くかかわっているのでは、と思います。

この数百年間の寒冷期の水田稲作の云いしれぬ苦闘、これがなかったら今日の日本も日本文化もないでしょう。われわれの祖先は、この寒冷化とたたかい不屈に稲作をまもり発展させてきたと思います。

天照大神の「天《アメ》の岩屋」(古事記は「〝天の石屋戸〟隠れ」)の「神話」も、そもそもはこの寒冷化現象への弥生人の理解とかかわるものではないかと思います。この寒冷化のなかで人々は太陽の光を切実に求め、祈ったのではないか、それが鏡信仰を生み出した根源ではないか、と思います。中國の青銅鏡は一般的に一〇センチ少々と言いますが、三角縁神獣鏡ははるかに大きいことは、王仲殊氏がすでに指摘しているところです。

通説が、こうした民族の根幹にかかわる問題には一切目を向けず、「キンキ・ヤマト」中心主義の、「三角縁神獣鏡・魏鏡説」に埋没している結果、日本国民はわが国の水田稲作の正しい歴史も、そこでのわれわれの祖先の血のにじむ苦闘をも知らされず、「コメの自由化」に〝全く無関心な日本人が育つ〟などでは、と思います。「大嘗祭」も本来は、『倭国王』等が気象の寒冷化の中で、弥生文化にたって豊年祈願をした、この時代に起源をもつ可能性がありましょう。

近畿地方は先述の「北九州～浜名湖線」の真下にあって、九州での「鏡信仰」は持続のみならず拡大再生産されて、三角縁神獣鏡を生みだしたのではないかと考えます。現に〝邪馬台国・近畿説〟にたつ小林行雄氏も、「副葬品に目を転じると、多数の中国製鏡鑑があって、外来征服者説（騎馬民族説）の有力な論拠を示すようにみえるが、鏡鑑の輸入と、その墳墓への副葬は、すでに北九州において、弥生時代にも見られることであり、古墳の副鏡のなかにもまた、古く輸入せられた伝世した鏡を混じて（ママ）いることはすでに述べたところである。しかも中国のみならず、朝鮮楽浪の漢代墳墓においても、鏡鑑は、あきらかに化粧道具の一種として、本来の用途のままに副葬されているのに対して、わが国の古墳の場合には、むしろ宝器的意義において、かつはしばしば、あまりにも多数がおさめられてきるという相違がみられる。この事実は、おなじ鏡鑑についても、それに対する解釈が、彼我のあいだにおいて、はなはだしく異なっていることを示している。」（『古墳時代の研究』、六四頁。傍線は引用者）と述べておられます。ただし小林氏（のみならずですが）は鏡鑑埋葬の理由、その歴史的社会的文化的背景についてはなにも語っていません。

六　小林行雄氏の奇妙な転身

なお、小林氏は近畿地方の前方後円墳を、北九州の墳墓の後継慕という見地をも次のように述べておられます。「割竹形木棺を竪穴式石室でおおった前期の古墳の内部主体の構造もまた、そのままの形では、近隣の諸国に類例を見ないものである。かえって、北九州の甕棺墓のなかに、甕棺の周囲に竪穴式石室状の石積みをくわえたものがあって、弥生式文化（北九州の文化、引用者）のうちにその萌芽をみいだしうるとさえ考えられるのである。」（前掲書、同頁）。

この点にかんして云えば正当な指摘と思います。ところがその先で氏は、私見では飛躍されるのです。それは井上光貞氏らの「倭国・東遷論」に狙いをさだめたものです。

「北九州においては、弥生時代にはすでに、小規模ではあるが、墳墓に封土の発生をみるにいたっているほかに、竪穴式石室の前身とみるべきものさえおこなわれたことは、さきに記したが、鏡鑑の輸入ならびにその副葬も、他の地域に先んじて行なわれていた。さらに碧玉製腕飾類の原形と目される貝輪の使用や、勾玉・管玉などの着装においても、弥生時代にその伝統の古さを濃厚にしめし、現存する遺物の量からいえば、鉄剣類の入手の機会にも恵まれていたのである。このような、古墳時代文化の前段階をしめす現象に富む点においては、北九州地方が、弥生式文化圏のなかで、もっとも有利な状態をしめしていることは、疑いを入れないところである。

ところが、ひとたび古墳時代にはいると、この地域は、そのあたらしい文化体制に浴することきわめて浅く、その初期において、ほとんど、古墳時代文化圏の圏外に放置せられた観があるのである。もし、北九州文化圏からおこった征服者が、大和にいたって古墳時代を形成したとすれば、それは、かれらが全力をあげて大和に移動し、北九州の故地を放棄したとでも、いわねばならない状況である。もしもそれが、あたかも神武東征説話の伝える事情に類似するようにみえるという理由で、その説の真実性を高く評価しようとするならば、何故にかれらが北九州を放棄せねばならなかったか、それに対する解釈を明示して、まずわれわれを納得させる必要があろう。……中略……それにしてもなぜ、北九州の倭人のあいだに、東方への避退をくわだてるものがあったと考えるのも一案だろうが、それにしてもなぜ、北九州にほとんど痕跡さえも残さないほどの、あざやかな転進ぶりを必要としたのだろうか。いまの自分には、適当な解釈がみつからないのである（傍線は引用者）。

これに関して、一言ふれておかねばならないことは、『魏志』倭人伝につたえる邪馬台国のことである。……そのときの下賜品のなかには、銅鏡百枚という注目すべきものがみいだされる。…卑弥呼の死するや、径百余歩の大塚をつくり、……とあるのは、円墳としては大きすぎる数字であるから、前方後円墳であったかもしれないと解釈されるのである。」（同書、六五頁。傍線は引用者）。

ながい引用となりましたが、ここに通説の「邪馬台国論争」の破綻が、キンキ論者の考古学者の代表者である高名な小林行雄氏の言葉で、端的に示されているわけです。小林氏は、一方で「キンキの大古墳の埋葬品の文化的ルーツは、弥生時代の北九州の古墳等の埋葬品に認められる」とされながらも、他方で、北九州からの人の移動についてはこれを認めず、「いまの自分には、適当な解釈がみつからないのである」と述べているわけです。こうして自ら述べ認めていた、〝キンキの大古墳およびその副葬品のルーツ・北九州・弥生文化論〟は、ここで終止符をうつわけです。

そうして突如として『魏志』倭人伝の「銅鏡・百枚」がでてきて、「三角縁神獣鏡・魏鏡説、邪馬台国・近畿論、卑弥呼・ヤマト朝廷の始祖」という、すでに破綻した「理論」を構築されるうえで大きな役割を果たしたわけです。しかも、そこには氏が主張していた「キンキの大古墳文化・北九州発祥論」は、投げ出されたままうち捨てられているように見えるわけです。

キンキの大古墳の副葬品のルーツは、〝弥生時代の北九州の文化論〟は正当なのに、氏はどこでその道をみうしなうのかを問えば、「かっての自分の出身地になんの痕跡も残さない移動などありえない」という氏の見地からです。

倭国は、北九州に首都をおいて七世紀のなかごろまで、東アジア諸国に対して日本を代表する勢力として存在し、〝真の〟弥生時代、小氷期が終わりにむかうなかで、九州方面で土地をもたない人々が「東進」したという、中村純氏の花粉分析学からの水田稲作の普及論は、小林氏が道を見うしなったところに、じつは道はあったことをしめすものとおもいます。

ただし小林氏等は「ヤマト朝廷一元史観」が信条であって、その結果、道を発見しえなかったのだ、と思います。

こうして通説が無視する古田武彦氏の「多元的国家形成・発展論」は、小林氏の「キンキ地方の大古墳とその副葬品等のルーツは、北九州の弥生文化の継承・発展説」に見事な保障を提供し、かつ、これだけが弥生文化から古墳文化への道の、合理的な説明となると考えます。

七 〝三種の神器〟と「憲法」第二五条

鏡信仰に触れましたのでここで「三種の神器」についても述べます。これが「弥生・倭国」文化であることを最初に指摘されたのは、古田武彦氏の『盗まれた神話』です。私は、これは正当な指摘で、鏡は太陽、剣は自衛、玉はおそらくは健康などに効能があると信じられた小石の類への信仰で、装身具のように身に着け、護身の器としていたのではないかと思います。

古代琉球から北九州にかけて「小石」信仰があります。古代琉球の「小石」信仰にかんしては、「沖縄学の父」といわれる伊波普猷氏の、『伊波普猷全集』・第五巻、（平凡社、一九七四年、初版、第一刷）の「をなり神の島」に詳しく述べられており、北九州方面の小石信仰については、マルコポーロの『東方見聞録』（愛宕松男氏訳、平凡社、一九八四年、第一刷）の「第六章　ジャパング島」に記され、北九州には今日も「サザレ石（細石）神社」が厳然としてあるわけです。

すなわちある種の小石には「命を長らえる効能がある」という信仰で、こうしたもの背景には、サンゴ礁の隆起などの観察などがあって、こうした岩からかき取った小石には、人の命を長らえる効能があるという信仰（「をなり神の島」）です。この信仰はサンゴ礁の隆起など、長い海とのかかわりの暮らしが反映されているのではと、伊波普猷氏は推測されています。

こうした弥生文化を背景に誕生し、保持されたものが「太陽光願望・自衛思想、および人の健康な生活への願望」という、今日の社会でも何の問題もなく通用する観念です。したがって部族の長や祈祷師などで、稲作の発展、自衛、およびその社会に功績ありと評価された場合、その死後も、その霊力等がなお部族等にその力をおよぼすよう祈願し、そのための埋葬形式を考案・発展させても、なんの不思議もないでしょう。

こうした弥生文化の真の姿に無関心で、ないしは知らされないで、戦後憲法第二五条の、「すべての国民は、健康で文化的な最低限度の生活を営む権利を有する。」という、これ自身重視されるべき優れた条項ですが、しかし、今日の日本社会では、あってなきが如き姿も、どちらかというと〝高尚〟な憲法論や、その解説の一種の「お説教的」論調が中心で、これが日本人の歴史に根差したものという理解や説明がなければ、一般的にはなかなか馴染めないのも、あながちに不思議ではないとも思います。正しい歴史と史観の確立は、その社会の正常な発展とその文化に、大きな影響をあたえるものと思います。

戦後憲法を「おしつけ」などという人々に、民族の真の歴史と文化を対置できない社会では、「憲法」などは、学者先生の高遠なお話であって、自分の暮らしに疎遠なものと感じる人々が生みだされても、不思議とは言えないでしょう。こうしたものを生みだす背景の一つに、ヤマト朝廷一元史観とともに真の日本古代史や、弥生文化無視・軽視の「日本神話は造作論」などの、日本民族の本来の歴史と文化の無視・軽視が、開明的進歩的と評されるような戦後の日本社会、これは真の日本古代史学未確立の近代〜現代日本社会に問題があるのではないか?、と思います。

八　階級分化の遺跡「九州以外になし」

しかも、こうした北九州の先進性は、以上にとどまらず、決定的な問題は「階級分化」の遺跡は、北九州のみと指摘されているところです。まずは「邪馬台国・近畿説の旗手の代表格」のお一人の、直木孝次郎氏の見解です。

「北九州の各遺跡の……略……墳墓は、めぼしい副葬品をともなわないものが多いが、なかには入手の容易でない鏡・剣・矛・釧など青銅器や、各種の鉄器、玉類、貝製その他の身飾具などを裕福に副葬しているものがある。云うまでもいない。階級社会が成立したのである。」（直木孝

次郎氏著、『日本の歴史』「I倭国の誕生」、一七六頁、小学館、一九八七年、第一一刷)。

これに反してキンキ地方はどうか、これが次の問題です。

「この世の社会の相が、墓の営みに反映している北九州では血縁的共同体(氏族社会、引用者)の共同墓地から、特定の集団に富が集中していることを示す特定墓地の出現が……解明されている。畿内では、副葬品を埋める習俗がみられず、社会の変遷について弥生時代の墓は多くを語らない。」(金関恕・佐原眞氏編修、『弥生文化の研究九』、九頁、雄山閣、一九九六年、第二版、傍線は引用者)。

こうして氏族社会から国家が形成されるという人類の歴史では、「無階級社会」の特徴をもつ墳墓群のなかに、特別その社会で注目すべき高価、希少等の特徴をもつ副葬品をともなう墳墓群が、出現することが自然の姿なのです。キンキの弥生時代には、しかし、こうした貧富の差をしめす墳墓は未発見というのです。

この意味は簡明で後のキンキ地方の前方後円墳等の文化は、北九州・九州からの東進勢力によって形成されたものということです。

九　キンキの大古墳発生の背景

それは北九州・九州にはるかに遅れて水田稲作の民が進出したという点と、そもそもキンキの「弥生時代の墓」なるものに、キンキ地方の先住者の縄文人のこの時代の墓が、混入していないのか、正しい「氏族社会論」未確立の「日本古代史学」の主張には、深刻な疑念が持たれるという問題もあります。縄文的先住民には「階級分化」などないでしょう。

同時に、これは北九州からの侵入者と先住者との矛盾を、激化させた大きな問題ではなかったか、これが一点目の問題であり、次は今日、大阪を「なにわ」とよぶ、その名がうまれた地形という問題です。数千年

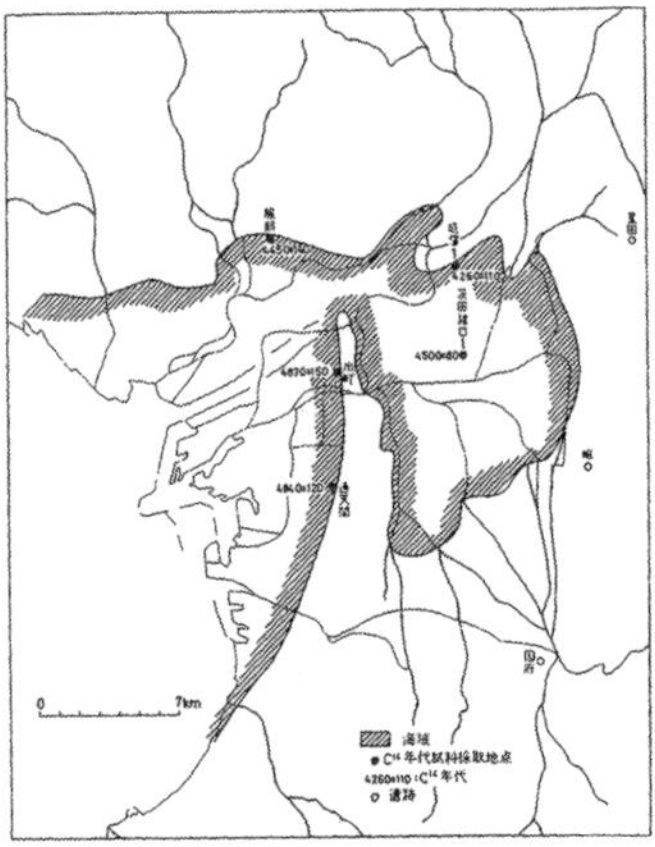

図5　約5000～4000年前、河内湾

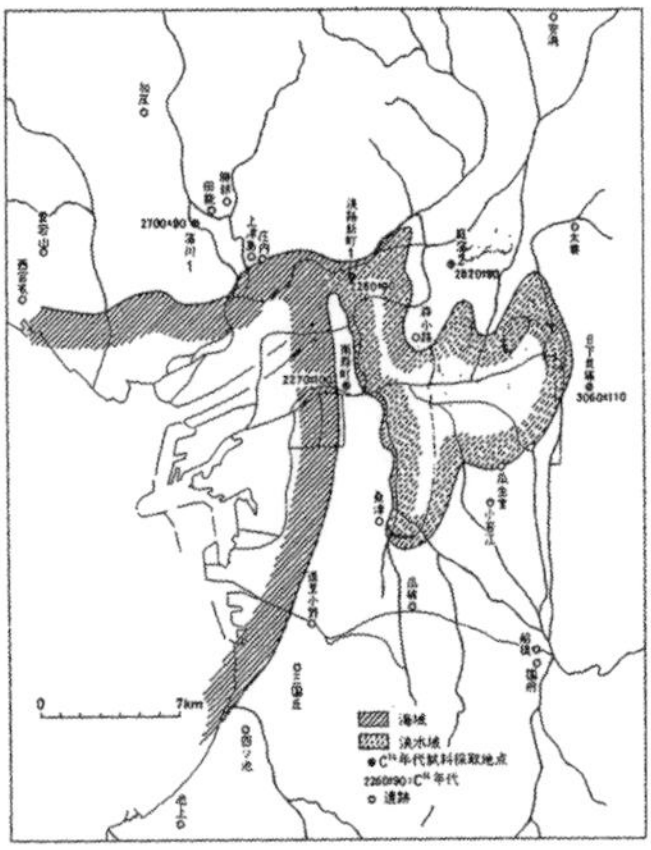

図6　約3000～2000年前、河内潟

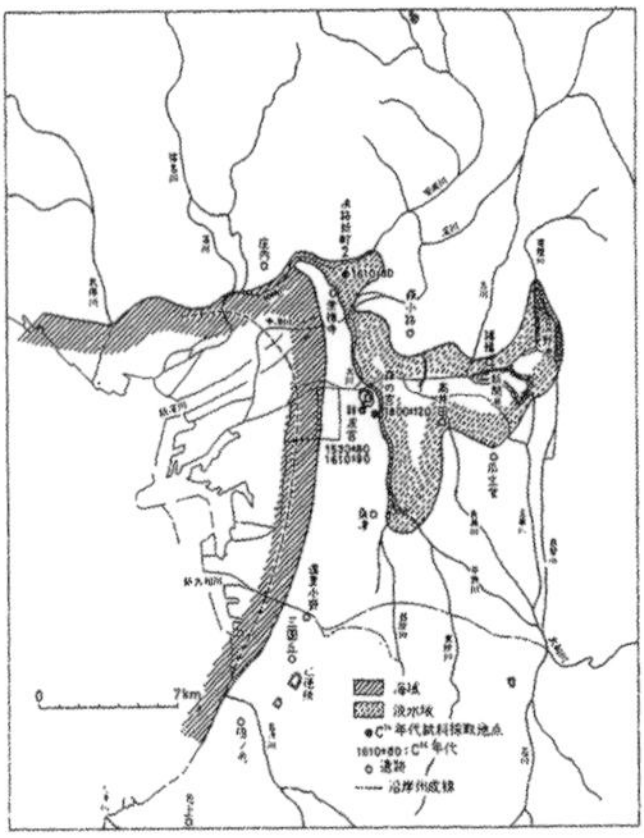

図7　約1800年～1600年前

にわたってあった巨大な内陸の海ですが、今日では陸地化しています。これを梶山彦太郎・市原実氏著、『大阪平野のおいたち』（青木書房、一九八六年、第一刷）で示せば右の図のとおりです。

さてこの「古代大阪湾地形」の日本古代史探究上の重要性を、はじめて指摘されたのは古田武彦氏（『古代は輝いていた・Ⅱ』、「速吸門をめぐって」、二三三頁、朝日新聞社、一九八五年、第一刷、現在ミネルヴァ書房刊）です。古田氏の指摘は、『神武紀』の「速吸門《はやすひのと》」をめぐって述べられたところに、この図7がとりあげられています。

その意味は、『神武紀』の旧大阪湾の描写が、この図7と一致するという点にあります。それは『神武紀』の記載に、事実が反映されていることを示すという点で意味があるのです。まずは「浪速国《なみはやのくに》」記載からとりあげます。

「……皇師《みいくさ》遂《つひ》に東にゆく。舳艫《へとも》相接《あいつ》げり。方《まさ》に難波崎《なにはのみさき》に到るときに、奔《はや》き潮《なみ》有りて、太《はなは》だ急《はや》きに會ひぬ。因《より》て、名づけて浪速国《なみはやのくに》とす。」（『日本書紀・上』、一九一頁。傍線は引用者）。この情景は今日の大阪湾にはありませんが、さきの「図7」をみれば大阪湾から「河内湖」への入り口は漏斗の首のように細く、ここは干満時には「奔き潮ありて、太だ急きに會ひぬ。」という状況になるのは自然の理とおもわれます。

つぎは、「青雲の白肩津《しらかたのつ》に泊《は》てたまひき。この時、登美《とみ》の那賀須泥毘古《ながすねびこ》、軍《いくさ》を興して待ち向へて戦ひき。ここに御船に入れたる楯を取りて下《お》り立ちたまひき。故、其地《そこ》を號《なづ》けて、楯津《たてつ》と謂《い》ひき。

今者《いま》に日下の蓼津《たでつ》と云ふ。」（『古事記』、八〇頁）です。

これも現在の地図では陸地ですが、昔は「図」とはピッタリの海岸です。

〝記・紀編纂〟時にない地形を、『記・紀』の編者等はどこからもってきたのか、これを問えばこうした古代大阪湾の「河内湖」にかかわる伝承からでしょう。こうした古代の地勢を念頭にキンキをかんがえれば、「図8 畿内の前期古墳分布」と大阪の古代地勢とは、なんらかのかかわりがあるのではないかという点も浮かぶようにおもえます。すなわち古代の水田稲作地の開拓、その過程での「河内湖」の干拓問題です。

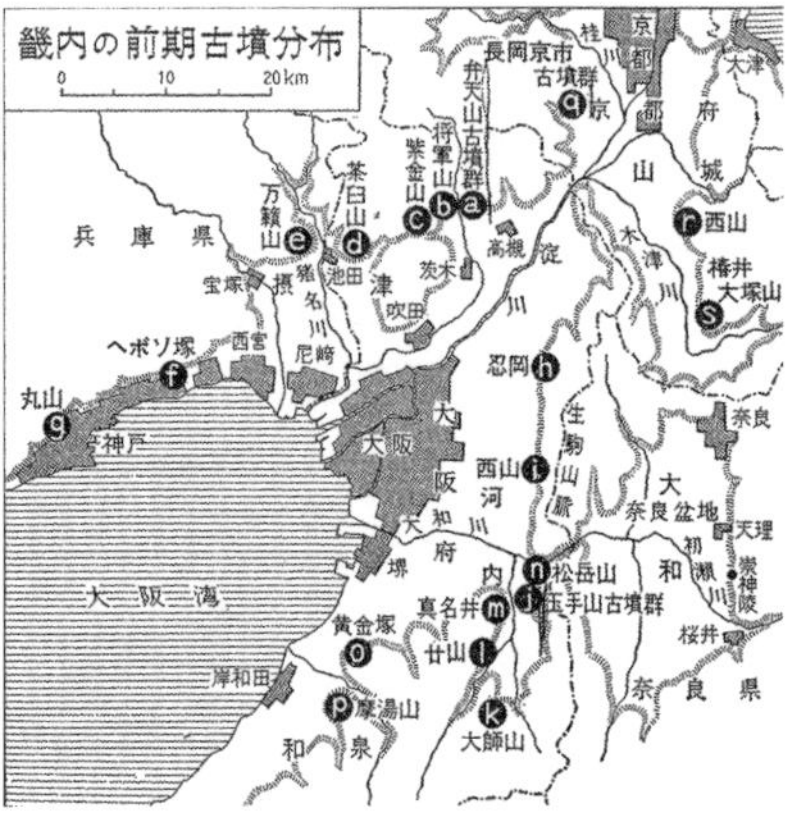

図8　畿内の前期古墳分布

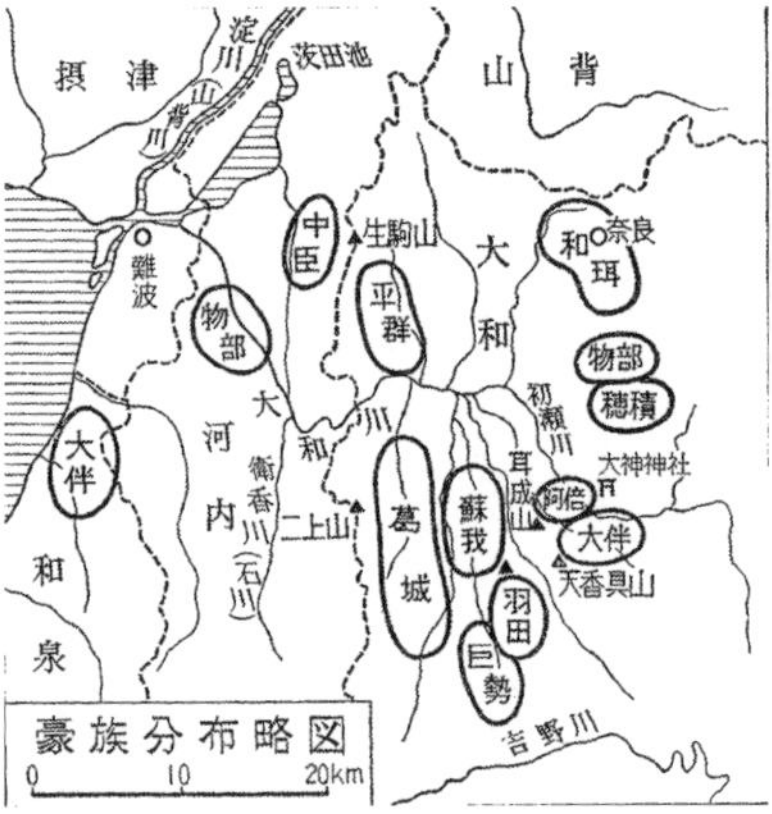

図9　大和の豪族の分布図、岸俊男氏

一〇　先住者問題

『神武記・紀』には近畿地方の先住者と考えられる点で重要な、「長脛彦」との闘いの記載があります。同時にヤマト朝廷によって古代倭国文献が利用されていると考えられる、『景行記・紀』の「クマソ討伐記」は、本来は「倭国」を形成した渡来人の倭人と、九州の先住民たる「クマソ」との闘いの記事と思われるのです。すなわち九州の「縄文人」との死闘です。

これが後代に本州で繰り広げられた一例が、「神武の東征」説話と考えられるのです。ここにでてくる「まつろわぬ人々」とは、キンキ地方の先住者を指すのでしょう。何故先住者と言うかといえば、ここに登場する人々、例えば『神武記』では、吉野の山で会った人を「磐を押し分けて出で来たり」、名は「石押分」とし、校註者の倉野憲司氏は、これを「穴居民を言うのであろう。」（八三頁）とされています。また「忍坂《おさか》の大室」では、「尾生る土雲八十建」に講和の宴を催すと称してこれを招き、歌を合図に皆殺しにする場面があります。こうしてその敵対者を「石押分」「尾生る人」「土蜘蛛」、といった言葉で表現していますが、これは『景行紀』の「熊襲討伐記」にもあります。例えば「石室の土蜘蛛を襲ひて、稲葉の川上（久住山より東南に流れる飛田川という）に破りて、悉くに其の黨（党）を殺す。」（『紀・上』、二九〇頁）とあるように、「石室の土蜘蛛」

と述べています。私はこの「土蜘蛛」という表現は先住民、すなわち九州の縄文人を言うのではないかとおもいます。

したがってこの「クマソ討伐」とか「土蜘蛛討伐」は、いまから約三四〇〇年以上前の渡来人が北九州に侵入した後の、「倭国」の確立の過程のことで、本来、のちのヤマト朝廷とはまったく無関係な歴史事件というべきものです。

戦後の日本古代史の学者諸氏は、日本の古代社会には奴隷制はないというのですが、『後漢書』倭伝には、「安帝の永初元年、倭の国王師升等、生口一六〇人を献じ、請見を願う。」（傍線は引用者）とあるように、戦争捕虜等が「生口」にされたと考えるのが、氏族社会から生まれた人類の国家社会の普遍性にマッチしていると思います。ただ奴隷制というと古代エジプト、ギリシャ・ローマ式をいう傾向がありかすが、家内奴隷等々、その存在様式はもっと多様であった可能性があるのではありませんか。

もとにもどって神武記・紀です。ここに登場する「尾ある人」や「土蜘蛛」は、北九州のそれが歴史的には古く、神武記・紀の記事は、それに比べるとはるかに後の時代です。こうした記述から浮んで来るものは、第一に、われわれ日本人がもっともよく知っているが、「エタ・ヒニン」という差別民（部落民）ですが、もちろんこれに部族間の戦争で敗れた方の人々がくわえられた可能性もあるかもしれません。しかし、この根源は倭人の日本本土への拡散とともに、生じたのではないかという問題です。この他に「サンカ」と呼ばれた人々がいます。戦前まで少数ながらいたと記憶します。サンカとはどんな人々か、結局、不明のままではありませんか。その源流、はるかなる出自は、倭人に追われた縄文人では?……。私の記憶ではサンカはまるでヨーロッパの、「ジプシー」に似たあつかいをうけていたように思います。

一一　水田稲作、〝時差〟の歴史的意味

以上、キンキ地方の水田稲作の開始は、従来の〝通説の時差一〇〇年未満説〟はもちろん、全国的に〝比較的短時日に普及した説〟は、なりたたないのです。また、その時差は、今日の諸先生の〝学問・日本古代史〟を根本的に否定する意味をもつのです。

この北九州とキンキ地方の科学的な時差を否認するものが、日本古代史学の諸先生が採用する「土器編年」という、国際的には〝前世紀の遺物〟的な歴史の年代の推定法なのです。

したがって日本古代史の諸先生の弥生時代論にみる、登呂遺跡をはじめ本土のあれこれの地方の弥生遺跡と、北九州の弥生遺跡を同時的時間の観念で論じる態度は、年代論からみて誤りの可能性が非常に高い、ということです。

こうした視点にたつと、キンキ地方に移動した北九州等の住民は、「北九州〜浜名湖線」とい

う気象の寒冷線の下で、しかも先住者との敵対関係、広大な「河内湖」の存在、および新移住者同士の緊張など、北九州等が気候の温暖化でより安定感をまし、あわせて生産力の向上の傾向のなかで、土地の私有制への方向が開けるなどの状況とは、対照的な運命が待ち受けていたというのが本当のところではないか、ということです。

キンキ方面では「北九州〜浜名湖線」という寒冷化の残存のもと、先に指摘した開墾、河内湖対策、先住民ならびに入植者相互の緊張などで、氏族的結合は維持・再生産され、とくに太陽への願望は北九州以来持続したのみならず強化され、それは氏族・部族社会の祈祷師等への依存度を高め、祈祷師らは三角縁神獣鏡を生産・分配し、たまたま稲作が多少良好だった場合など、それは祈祷師の力と解され、その〝功績ある〟祈祷師等が亡くなると、氏族をあげてその死後も、なおその霊力が氏族のうえにその力をおよぼすことを祈り、そのために古墳（前方後円墳）を氏族的総力を結集して造営したのではないか、ということです。

すなわち北九州で始まった弥生文化は、キンキ地方で維持・拡大再生産されたという見地です。したがってこの古墳には農機具から鉄器、剣等の武器類、さまざまな宝器類、もちろん「三角縁神獣鏡」も多数埋葬されたのも、そうした背景によるものではないか、とおもいます。

この時代、北九州を中心に「倭国」が確立・発展し、墓ではなく都城を発展させていたというのが、日本古代代史の真実の姿と考えます。いずれにせよ巨大前方後円墳等は発掘され、徹底的に調査される必要があります。〝天皇稜指定〟を理由に発掘禁止など、日本社会の極端な後進性と異常性をしめすものとおもいます。

これらが生み出される背景は「万世一系の天皇制」論と、それに根ざす深刻というべき反民主的後進性、それはヨーロッパ中世の宗教的権威主義に通じるものに見えます。ヨーロッパの民主主義文化は知られているとおり、ルターの宗教改革をはじめ、自然科学の発展と結びついた「無神論」の登場等、中世の宗教的権威主義との数百年間の苦闘を伴っているわけです。

二　〝水田稲作、少数の男だけの渡来説〟批判

なお次の問題にうつるまえに先にもふれた「渡来人、少数の男だけ」説がなりたたない点を指摘しておきます。私はつくづく日本古代史学は、日本人とその歴史を、人類史の一構成部分として考察する視点が〝そもそもない〟、これが〝日本古代史〟の、根本的な問題ではないかとおもいます。いわば戦前の「万邦無比の国体」の戦後の姿なのです。

「北九州に最初の農耕集落（水田稲作を言う。引用者）を形成した人は南部朝鮮からの渡来集団であり……中略……原始社会の性的分業のあり方からみて、男性中心の渡来集団が在地の女性と結婚することによって、完結的集団社会をつくった……」（岩波講座・『日本考古学・3』、六頁、

一九六六年、第一刷)。だとすれば古代朝鮮史料である『三国史記』等にみる「倭人」の激しい、新羅攻撃等は何故生み出されたのですか。説明がつきません。

新しい例では「在来縄文人にとって農耕渡来民は敵対する人々ではなく、成熟園耕期第二段階の縄文後期後半以降あこがれの対象であり、歓迎される人々であった。」(宮本一夫氏著、『農耕の起源を探る』(イネの来た道)、二三九頁、吉川弘文館、二〇〇九年、第一刷)。

この他に日本人の形質学から縄文人との混血を指摘する見解があります。混血はあったといえましょう。しかし、その混血は、「たちまち仲良しの」混血なのか、悲惨のなかでのものか、これは生物学的医学的側面、すなわち「遺伝子」云々からは不明なはずで、ここでの混血問題は、歴史的・社会的ないしは民族的・氏族的な人間関係にかかわる問題です。

まずはモーガンの指摘、次に「西洋史」の事例をあげます。「メキシコ人(アステカ人)は、他部族を征服し、貢物を課すことはあっても、自分の部族に他部族を入れることはありえなかった。それらの部族《アステカ》を構成する血族が、彼ら(他部族)のものと混じり合うことは論外だったからである。」(『アメリカ先住民のすまい』、一六七頁)。

次は氏族社会段階を経過しつつあるゲルマン人の例です。「東ゴート族は、オドアケルを殺してイタリアに王国を樹立した。この王国は、二万人のゴート族が多数のローマ人を支配する混合国家である。……両者は異なる民族として融合することなく、通婚は禁じられた。」(佐藤彰一・

早川良弥氏編著、『西欧中世史』・上、五頁、ミネルヴァ書房、一九九五年、初版)。いずれも通婚禁止は、「部族の血の純潔を守るため」です。ここにも日本と世界の「歴史学」の際だつ違いがあるとおもいます。それは日本人とその歴史を、世界・人類の普遍性において理解するという、当たり前の見地がカケラもないという点です。それは『古事記・日本書紀』絶対主義の水戸史学や国学をこそ、日本史観の根底におく必然的な結果と思います。

〈参考文献〉

『古事記』

『日本書紀』

直木孝次郎『日本の歴史』Ⅰ　倭国の誕生　一九八七年　小学館

小林行雄『古墳時代の研究』

今村啓爾『縄文の実像をもとめて』吉川弘文館　一九九九年

西田長男『古代文学の周辺』南雲堂桜楓社　一九六四年

『岩波講座・日本歴史』第一巻　二〇一三年……石母田正 評

佐伯有清編訳『三国史記倭人伝』岩波文庫　一九八八年

間壁忠彦／間壁葭子『日本の古代遺跡』保育社　一九九五年

井上光貞『日本の歴史』1　中公文庫　一九八八年

伊波普猷『伊波普猷全集』第5巻　平凡社　一九七四年

マルコポーロ『東方見聞録』愛宕松男訳　平凡社　一九八四年

金関恕／佐原眞編修『弥生文化の研究』九　雄山閣　一九九六年
梶山彦太郎／市原実『大阪平野のおいたち』青木書房　一九八六年
古田武彦『古代は輝いていた　Ⅱ』朝日新聞社　一九八五年（のちにミネルヴァ書房）
岩波講座『日本考古学　3』一九六六年
宮本一夫『農耕の起源を探る』（イネの来た道）吉川弘文館　二〇〇九年
モーガン『アメリカ先住民のすまい』
早川良弥編著『西欧中世史』上　ミネルヴァ書房　一九九五年

第一一章　キンキ地方に台頭する勢力

近畿の「古墳時代」、この地はすでに「倭国」の領域であった、ということが確認されるのです。通説には、もちろんこの見地はありません。しかし、「広義の近つ飛鳥」の「飛鳥戸郡の北側、大和川が河内平野にそそぎこむ周辺には古代寺院が林立……中略……片山廃寺と鳥坂寺跡は、大和川をはさんで対峙しています。鳥坂寺跡からは発掘調査によって『鳥坂寺』、『飛鳥評』などを刻印した多数の文字瓦が発見……」(『蘇我三代と二つの飛鳥』、二一一頁、著者、西川寿勝氏、相原嘉之氏、西光慎治氏著、企画NHK大阪文化センター、新泉社、二〇〇九年、第一刷)とあることは見逃せません。ここで注目されるのは「飛鳥評」です。これは「倭国の行政制度」というのが古田武彦氏の指摘です。

この「評制」問題にかんしては、井上光貞氏の研究が重視されます。それはヤマト朝廷の行政制度である「郡」「郡司」等と異なる、「評造」「評監」「助督」(すけのかみ)などの記録があり、これをめぐって学界で論争が展開されたのです。ところが一九六六年(昭和四一)に藤原京が発掘されて、そこから「木簡の地名表記には『評』を用いたものが三〇点、『郡』字を用いたものが三点報告されている。これは大宝令の発布まで評、発布以降は郡であるという推定を確実にしめすものである。」(井上光貞氏著、『日本の歴史』(3飛鳥の朝廷)、三〇八頁、小学館、第八刷)。

問題は、ヤマト朝廷の行政組織に「評造」「評監」「助督」はない、という点にあります。しかも井上氏は「大化の改新の詔」は、七〇一年の『大宝令』から遡及されたものという指摘をされているのです。こうしてここに藤原京は、はたしてヤマト朝廷が最初に造営した〝京師・首都〟か、という大きな疑問が生まれる一つの根拠があるのです。なぜヤマト朝廷にない「評造」「評監」「助督」などの木簡が、この地から多数出土するのか。なぜ『記・紀』は、この行政区や制度、およびその名称にかんしてなにも語らないのか、古田武彦氏以外、声はありません。

このヤマト朝廷にない地方行政区の名称が、飛鳥の地で出土するという意味は何でしょうか。通説が〝日本古代文化発祥の地という飛鳥〟が、倭国時代その一行政区であったということでしょう。すなわちその支配の一対象地域であったということです。では、その直接的な支配者とは誰か。

一　『日本書紀』は語る

こうした主張は、非常識なものとおもわれるでしょうか。しかしまたまた『日本書紀』の一節が、強力な援軍となって現れるのです。それは日本に仏教を導入するうえで主導的役割をはたしたという、蘇我氏にかんする記述です。そのうえに『記・紀』の蘇我氏にかんする記載は、不可解なものがあります。まずは仏教受容問題から述べます。

それは『用明紀』二年の次の一節です。「天皇、群臣に詔して曰く、『朕、三寶（仏教）に帰《よ》らむと思ふ。卿等議《はか》れとのたまふ。群臣《まへつきみ》、入朝《まゐい》りて議《はか》る。……中略……是に、皇弟皇子……豊国法師を引て、内裏に入る。物部守屋大連、邪睨《にら》みて大いに怒る。』（『日本書紀・下』、一五八頁。傍線は引用者）。これはおかしな記事と思われませんか。

日本における仏教受容問題をめぐっての、蘇我氏と物部氏との争いの場に「豊国法師」とよばれる僧侶が、案内されたという記事です。

二　豊国法師について

さてまずは「豊国法師」にかんしてです。『日本書紀』の校註者は「伝不詳。法師の号の初見。欽明一三年条の仏教伝来記事以後、蘇我氏をめぐる朝廷と仏教の関係は、ほとんどみな元興寺縁起にあるが、この豊国法師の話は全く見えない。」（同書、一五八頁上段の「注一六」、傍線は引用者）としているだけです。ここにも通説の「学問」的な性格が鮮明です。

「豊国法師」の「豊国」とは今日の大分県でしょう。ここにヤマト朝廷の「仏教公伝」以前に、すでに蘇我氏と物部氏等の抗争の場に招かれる水準の「法師・僧」がいたということです。

この記事は、したがって日本の仏教公伝問題で、「欽明一三年」云々などよりはるかに重大なもののはずです。学者諸氏なぜ、この記事を無視するのか、学者の方々におたずねしたい点の一つです。

福岡県と大分県にまたがって、標高一二〇〇メートルの英彦山という山があります。そこに「彦山権現」があります。この『英彦山流記』の末尾に、『当山之立始教到元年辛亥』とあります。この「教到」という年号はヤマト朝廷の年号にはなく、後述するとおり「九州年号」と、江戸時代に呼ばれたもので、その真の姿は「倭国」年号と古田武彦氏は指摘されています。「教到」年間は、五三一〜五三五年に当たると指摘されています。

なお『英彦山縁起』（元禄七年＝一六九四年成立）や、『豊鐘善鳴録』（寛保二年＝一七四二年成立）によれば「英彦山霊山の開基は継体天皇の二五年（五三一）、北魏僧による」とあります。この「継体天皇」等の名の記入は、倭国滅亡後に「倭国」時代以来の寺社は、自己保全のためにとられた処置と考えられて、ここで重要なものは、その「倭国年号」とそれの西暦の年代なのです。こうして「倭国」仏教は、ヤマト朝廷の仏教受容より早いと云うことを示す記録の残存が判明するのです。あとでこの動かない事実を再度指摘します。

しかもヤマト朝廷の仏教受容上での不可解は、古代中國・朝鮮および倭国と異なって、その国に仏教をつたえた僧侶の名が伝わっていない点です。古代において仏教の受容とは、当時の最先端の国際的思想・文化の、それぞれの国家・社会での受容という問題であって、古代中國も朝鮮諸国も仏教を伝えた僧の名が明かなのです。ヤマト朝廷だけが、それがないのです。

さらに豊国、すなわち現在の大分県ですが、ここには宇佐神宮を中心に、とくに国東半島に「六郷満山」寺院群が存在し、一三三七年には「本山」「中山」「末山」で合計八八寺院を数えたといわれます。さらにこの地域から臼杵等にかけて「磨崖仏」、すなわち山の断崖などに仏像等を彫った遺跡ですが、全体で四〇個所を数えるともいわれています。大分県の国東半島の「熊野磨崖仏」などは有名です。

しかも私は仏像は素人ですので断定はできませんが、農家の納屋を多少よくしたような場所に、優に国宝級に思える「……六郷満山を代表する仏像群が、地域の人々の熱い信仰に支えられて守り伝えられています。」（『宇佐・くにさきの歴史と文化』、五九頁、大分県教育委員会、二〇〇二年）という姿も、見ると胸にせまるものがあります。「平家に非ずんば、人にあらず。」同然に、古代仏教関係の遺跡は、「ヤマト朝廷文化に非ずんば、国家的文化財にあらず」式に見えます。「豊国法師」とは、こうした背景をもつ僧です。

ヤマト朝廷の仏教受容の実態を考えるうえで重要と思わる記事が、『日本書紀』にあります。『推古紀』三二年（六二四）のつぎの記事です。それはある僧が、斧で祖父を殺すという「悪逆」事件が起き、天皇が、出家の者は仏教の戒律を守るべきに、この悪逆事件が起きた。この際、すべての尼僧をしらべて、罪あるものは厳罰に処すべきだと命じたことに関して、「百濟の観勒法師が厳罰主義をいましめて上表をした」という、その文です。

「夫れ仏法、西国《インド》より漢（中国）に至りて、三百年を経て乃《すなわ》ち伝えて百濟国に至りて、僅《わず》かに一百年《ももとせ》になりぬ。然るに我が王、日本の天皇の賢哲を聞きて、仏像および内典を奉りて、未だ百歳にだも満たず。故、今の時に当たりて、僧尼、未だ法律《のり》を習わぬを以て、輙《たやす》く悪逆なることを犯す。是《ここ》を以て、諸々《もろもろ》の尼僧、惶懼《かしこま》りて、所如知《せむすべし》らず。仰ぎて願はくわば、其れ悪逆せる者を除きて以外の僧尼をば、悉く赦して勿罪《なつみ》したまいそ。是大いなる功徳也。」（『日本書紀・下』、二〇九頁）。

この文書の重要な点は、インドから中國への仏教公伝は、「西暦六八年」（後漢の明帝の永平一〇年）」。その約三〇〇年後に百濟に公伝（『三国史記』・百濟本紀、仏教公伝は枕流王の一年（三八四年）です。この「悪逆」事件はこの三八四年から「百年未満」の後、これを例えば八〇年とすれば、この事件は四六〇年代ごろと思われます。

『書紀』は、先述のとおり仏教公伝を「欽明一三年」（五五二）とするのです。すなわち六世紀になります。したがってこれは欽明の一三年（西暦五五二）にたいして約一〇〇年程度古くなります。あわせて重要な点は、ヤマト朝廷の真の確立は八世紀初頭ですから、「倭国」仏教との時差は約二四〇年程度、ヤマト朝廷は新しいことになるという問題です。

三　法隆寺「釈迦三尊像」の年号「法興元」

倭国こそがわが国に仏教を受け入れた主体という点、すでに古田武彦氏が指摘されています。

そのうごかない証拠の一つとして、法隆寺の国宝の「釈迦三造像」の光背銘文問題（『古代は輝いていた・Ⅲ』、朝日新聞社、一九八五年、第二刷）があります。

この銘文の冒頭には、「法興元三十一歳（六二二）、一二月、鬼前太后崩ず。」と記されています。問題はこの年号「法興元」は、ヤマト朝廷の年号にはない、というそれ自身単純な問題です。だが大学の日本古代史関連の諸権威は、古田氏がこの年号問題を提出されて以来、今日まで三〇数年間、〝ただ沈黙するのみ〟です。こうした態度は民主主義の発展した欧米では通用しないのみならず、歴史の探求では事実に拘泥する中国でも同様でしょう。

釈迦三尊像・光背銘文

「〝法興元〟という年号はヤマト朝廷の年号にない。どこの年号か」という単純な問に答えない、否、答えられないところに戦前・戦後の「日本古代史観」、ひいては『古事記・日本書紀』の史観「絶対主義」の破綻が、鮮明に示されているわけです。学者の方がたにこの点、あらためておたずねいたします。「法興元」という年号はヤマト朝廷の年号にありませんが、どこの年号ですか。お答えください。

この「年号」は「九州年号」と江戸時代の学者、鶴峯戊申の『襲国偽僣考』（熊襲が国家・王朝を僭称した）のなかであつかわれている年号と、古田武彦氏はその傑出した労作の一つ、『失われた九州王朝』で指摘されています。

またこの「九州年号」は、申叔舟の有名な『海東諸国紀』に、日本の年号として連綿として記されているものでもあります。古田氏の研究によれば、この「九州年号」は五二二年の「善化」からはじまって、六九八年（大長）、七〇一年「大宝」にいたるまで連綿としてあるわけです。年号とは国家の存在の表示の場合を示すものです。

江戸時代まではこの年号の探究も、非常に熱心に行われていたと言います。しかし、「尊皇・攘夷」をかかげて達成された明治時代、近代天皇制が確立されるや、たちまちこの年号研究は「消えた」と、古田氏は同書で指摘されています。真実の日本古代史・日本民族の真実の歴史探究上、この問題は、非常に重要な問題です。

この法興元という年号は、この九州年号のなかにあるわけです。つまりはこの〝国宝〟の彫像は、倭国王朝で倭国王（タリシホコか）のために作られたもので、「倭国」はこうした傑出した仏像彫刻を制作できる力量を養いうるほどの時間、すでに仏教に慣れ親しんでいたわけです。つまりは『紀』の仏教受容記事のなかに、「豊国法師」が〝紛れこんだ〟のも、根拠があることだ、いうことです。

四　蘇我氏暗殺の奇妙

『書紀』の蘇我氏の「仏教受容記載」は実は、ヤマト朝廷が仏教を受容したかに繕う歴史の偽造と、蘇我氏が近畿地方ではたしていた役割の真の性格の隠蔽とを、だきあわせたものと考えられます。蘇我氏とは、はたしてヤマト朝廷の「臣下」なのか、という問題です。

これにはいくつかの面がありますが、まず私が不審におもう第一は、『皇極紀』の「入鹿暗殺」記事です。『皇極紀』には、入鹿が山背大兄王を攻めるなど横暴きわまるとして、中大兄皇子が中臣鎌子連らと謀り暗殺計画をねり、入念な準備工作、さらに暗殺の場面まで綿々と記されています。

また、『皇極紀』三年三月の記事に、国内の巫女が蘇我の蝦夷が橋を渡るときに、「神がかりのお告げ」を述べたと書き、それを「移風《ときかわ》らむとする兆しなり」と強調している記事も奇妙です。「移風」とは〝世が変わる〟という意味です。一介の臣下が如何に権勢ありといっても、それを一国の正史がその臣下の動向や、それをめぐる諸状況をさして、『これは天下が変わる前兆だ……』というのも、いささか腑に落ちない感じでしょう。

『日本書紀』によれば、『皇極』四年、「六月……、中大兄、密《ひそか》に倉山田麻呂臣に謂《か》たりて曰く、

『三韓《みつのからひと》の調《みつき》進《たてまつ》らむ日に、必ず将《まさ》に卿をして其の表を読み唱《あ》げしめむ』といふ。遂に入鹿を斬らむとする謀《はかりごと》を陳《の》ぶ。」（『日本書紀・下』、二六一頁。傍線は引用者）とあって、これに続いて入鹿斬殺の場面の記述となっています。そして結局、入鹿ともども蝦夷も殺されています。

その理由は、「鞍作、天宗（朝廷の系列）を盡《つく》し滅ぼして、日位《ひつぎのくらい》傾けむとす。豈、天孫を以て鞍作に代《か》へむや。」（同書、二六三頁）というのです。しかし、このようであれば文章的には、「豈、鞍作を以て天孫に代へむや。」というのが筋におもえますが……。要するに〝蘇我氏はヤマト朝廷を滅ぼして、自分がとって代わろうとしている〟というのが、〝入鹿暗殺の理由〟とされています。

しかし、これはおかしいでしょう。もしヤマト朝廷が当時、真の「朝廷・天孫」ならば、簒奪の野心をもつ臣下の罪を問うに暗殺の必要はないはずで、正面から正々堂々「反逆の徒」として、成敗を行なえばいいのではありませんか。

ところが『皇極紀』の記事は、暗殺計画とその人選をふくめて詳細に記しています。暗殺とは一般的に権力のない者が、権力者を殺す場合の常套手段です。古代以来のヨーロッパをふくむ政治の世界での暗殺例はそれを示しています。例えばローマ時代の「シーザーの暗殺」または『史記』の燕の刑軻の「始皇帝暗殺計画」等々です。この他暗殺は政敵抹殺の手段です。

この考え方に一層の根拠を与えるものが、「蘇我臣蝦夷等、誅《ころ》されむとして、悉く天皇記・国記・珍寶を焚く、船史恵尺《ふねのふびとゑさか》、即ち疾《と》く、焼かるる国記を取て、中大兄に奉献《たてまつる》。」（『日本書紀・下』、二六四頁）という記述です。

この記事もおかしい。『日本書紀』推古紀の記述を自ら蹂躙する記述だからです。現に『推古紀』には、「是歳（推古二八年）、皇太子（聖徳）、嶋大臣（蘇我馬子）、共に議《はか》りて、天皇記及び国記、臣連伴造国造百八十部併て公民等の本記を録《しる》す。」（『日本書紀・下』、二〇三頁）とあります。これが真実であれば、〝聖徳太子〟とともにつくったものを、なぜ焼く必要があるのですか。理屈がとおらないでしょう。この記事も、まことに不可解でしょう。

つまり、殺される前に蝦夷等が焼こうとしたという〝天皇記・国記〟は、暗殺者の背後にいる者に見られると困るから焼こうとした、と考えるのが自然です。では暗殺者の背後にいた勢力とは誰でしょうか。その謎をとくものが、『隋書』帝紀にある「倭国交流記事」と考えるものです。
①「大業四年（六〇八）三月、壬戌、百済・倭・赤土・迦羅舎国並遣使貢方物」（『隋書』帝紀三、煬帝上）
②「大業六年（六一〇）年春正月、己丑、倭国遣使貢方物」（右同）
これに対して『隋書』俀国伝の交流（入朝）記事は、最初が「開皇二〇年」（六〇〇）、次が「大業三年」（六〇七）、そうして輩清の来訪が大業四年（六〇八）です。つまり『隋書』帝紀の「倭国」入朝とは年月がくい違っているのです。問題は、古田氏が指摘されるとおり、「倭国入朝」記事が『帝紀』、すなわち皇帝の言動をとくに記すところにのみあって、正規の国家関係を記す「夷蛮伝」にはない、という問題です。すなわちこの「倭国」は中国側からみて、正規の交流関係をもたな

い勢力ということです。つまりは〝突然の来訪者〟というわけです。だから『帝紀』にだけ記されている、これが古田氏の指摘です。

通説は、この記事とその意味を国民に正確には一切示していません。古田氏は、この『隋書』帝紀の「俀国入朝記事」を『日本書紀』推古紀の「遣隋使」記事に当てておられます。

私は、この「俀国」入朝記事を、蘇我氏の所業と考えるわけです．したがって蘇我氏のもつ『天皇記・国記』類は、「俀国」に見られることは困るのです。そこに歴史の歪曲があるからです。では『日本書紀』の「聖徳太子とともにつくった」という記述は、といえば、これは後代のヤマト朝廷による純粋の造作記事で、ヤマト朝廷が当時君臨していたという偽造の日本史に過ぎない、この点、あとで『古事記』の編者・太安満呂の、「序を併せたり」にもとづいてのべます。

しかし反面、蘇我氏の素性を知れば、かつ、この時代の「俀国・俀国」の政治の問題点を念頭におけば、蘇我氏が隋・中国に通じて自分の権威を高めようとした、政治的背景はそれなりに理解できる面はあると考えます。

問題はこの『帝紀』の「俀」は、日本のどの勢力かという問題です。これを問題にするにあたって、まず「俀国」は除外されます。したがって「ヤマト朝廷」か、それともその他の勢力かということになります。私が蘇我氏という理由は、のちのヤマト朝廷が蘇我氏を暗殺している点にあります。当時キンキ大和地方の勢力の中心は蘇我であったのではないか……と。

まずは当時の日本の国内情勢です。第一に、この時代、ヤマト朝廷には都城がなく、しかもその天皇の治世一代ごとの王宮も、考古学的に明確に確認されていません。したがって国家組織は確認できず、「朝廷」として存在したという根拠はまったくない、これが私の視点です。

これに反して蘇我氏にはあるのです。それは井上光貞氏の、蘇我氏建立の飛鳥寺への評価にかんして〝考えるべき点がある〟とおもうが故です。

まずは井上光貞氏の指摘です。「飛鳥寺は最初の国家的大寺として、仏教史上の一大モニュメントであるばかりではなく、日本における最初の大陸的、都市的な大建築物であった。崇峻以前は点々としていた皇居も、これ以後は、孝徳天皇が難波に、天智天皇が近江に短期間皇居をおいた他は、ほぼこの飛鳥寺を中心にした狭義の飛鳥のうちにおかれた。

また、飛鳥寺の中軸線と、天智朝の末年から天武初年に建てられた川原寺の中軸線との中心線＝中道は、岸俊男氏によればやがて天武朝の『倭京』や、藤原京の設定の一基準となり、両中軸線の間隔はまた、飛鳥の方格地割の基準となった。飛鳥寺は日本における『京』の出現にも、このような基準的な意味を持つことになるのである。」（『日本の歴史・3』、二〇二頁、小学館、一九八七年、第八刷）という指摘です。

おかしいのではありませんか。通説では蘇我氏とは、有力とはいえ一介の臣下です。この一臣下が、「最初の国家的大寺」、日本「最初の大陸的、都市的な大建築物」すなわち都城的建築物をつくり、さらにそれが日本の「『京』の出現にも、……基準的な意味を持つ」もの、などと云うのはおかしいのではありませんか。

しかし、蘇我氏が実は当時、キンキ地方における「倭国」の総督府的存在で、かつ「倭国」支配からの脱却を考える勢力であれば、話は別ともいえます。つまり藤原京は、そもそも「倭国」の近畿支配の中心であって、「武内宿禰」以来の歴史をもつ蘇我氏の役所であった、ということです。だからここから「評制」の木簡が多数出土したのではないか、という視点です。

第二に、当時の日本、すなわち「倭国」をめぐる情勢というか、その政治的状況という問題です。「倭国」は百済問題をめぐって、唐・新羅と軍事的な対立を選択して滅亡したことは、さきに述べましたが、この「白村江の海戦」にかかわって『三国史記』には、「倭船千艘、停《とど》まりて白沙に在り。……」（佐伯有清氏編訳、『三国史記・倭人伝』、五〇頁）とあります。

「倭船千艘！」、これがどんな規模の軍船かはわかりません。そうして「白村江の海戦」で『日本書紀』によれば、「アッ」という間に唐の軍船に粉砕され、『三国史記』では「倭人と白江口に遇い、四戦して皆克《か》ち、其の舟四百艘を焚く。煙炎、天を灼《や》き、海水、丹《あか》く為《な》れり。王子扶余忠勝、忠志等、其の衆を師《ひき》いて、倭人と与《とも》に並び降る。」（前掲書、五八頁）とあります。倭国の大敗です。

こうした無謀な戦争に突入すべく、当時の「倭国」は軍備を増強していたと考えられます。その一端が「倭船千艘」でしょう。こうした無謀な戦争準備に、しかも当時の世界の大国、唐を敵に戦争準備をするということが、日本本土統一さえない当時の「倭国」、こうした規模の国家では、「倭船千艘」に見られる軍備、それを賄う費用の捻出など、「倭国」国民にとってはそうとうな負担ではなかったか、という問題があるとおもうのです。

とりわけ「毛人の国」(「倭王・武の上表」、毛人とは本来、縄文人をさす言葉ではないかとおもいます)とされたキンキ地方は、それが厳しかったとも考えられます。こうした状況のなかで蘇我氏等、経済的にも力をつけてきたキンキの勢力のなかに、「倭国」からの自立をめざすものがでてきても、不思議はないでしょう。この動きを代表したのが、本来は「倭国」のキンキ総督府的存在であった、蘇我氏ではないかという考え方です。

それが『隋書』帝紀記載の「倭国の遣隋使」記事と考えるのです。この近畿勢の自立の動向を知った「倭国」が、蘇我氏の抹殺を謀っても不思議はないでしょう。こう考えるとき、その「倭国」の意向にそったものが「蘇我氏暗殺」であり、同時に蘇我氏によるその『天皇記・国記』の焼却の動きの動機と背景です。蘇我氏はこの『天皇記・国記』が、「倭国」に見られることを恐れたわけです。こうして『倭国史』等々とともに蘇我式『日本史』が、後のヤマト朝廷の手にはいったと思われるのです。

そうして、王朝・国家の歴史を重視して連綿と記録する古代中國の文化は、「倭国」や蘇我氏にも影響し、それは古代中國・朝鮮および「倭国」では〝歴史の事実の記録〟であったものが、蘇我氏や古代ヤマト朝廷の始祖らは、これを「歴史の歪曲」の具とした、と考えられるのです。

蘇我入鹿・蝦夷暗殺が六四五年、「倭国」の「白村江」で大敗が六六三年、そうしてヤマト朝廷の藤原京の成立が六九四年です。これが日本古代史の大激動の姿です。古代ヤマト朝廷は、蘇我氏と姻戚関係を結び、キンキに台頭してきた勢力ではないか、という問題です。「倭国」の蘇我氏抹殺、そうして「倭国」の「白村江の海戦での大敗」、およびその滅亡こそは、真実の日本古代史探究の一急所ではないかと考えます。

五　「大化の改新の詔」の問題点

本書の主張は素人の妄言と評される可能性は大です。しかし蘇我氏の暗殺、それに直結している「大化の改新の詔」を、通説は「律令制の確立」、古代ヤマトによる本格的な日本古代国家の確立とするのですが、すでに指摘したとおり「大化の改新の詔」の第二項、つまりは「其の二《つぎ》に曰く、初めて京師を修め……」（『日本書紀・下』、二八〇頁）と、「京師・都城」の構築を表明している点を、本書は重視するのです。

その視点、問題意識は、なぜこれ以前にヤマト朝廷には都城・京師がないのか、蘇我氏暗殺後、突如として「詔」という仕方で、これがもちだされる由縁は何にかと。しかも蘇我氏がのちのヤマト朝廷の「都城・京師」の基礎をすでに構築していると、通説の学者でさえも指摘しているわけです。すなわち〝臣下と称される〟蘇我氏が、本来、王朝・国家誕生の土台である「都城・京師を築いていた」、という指摘の意味は何か、という問題意識です。

しかも『紀・紀』に照らせばこの不可解な勢力は、ヤマト朝廷の暗殺の対象であったわけです。これを都城論から率直に見つめれば、蘇我氏は本来、近畿において京師・都城を有する勢力であり、これに反してヤマト朝廷はその時代、都城・京師なき勢力として存在しているわけです。

ヤマト朝廷とその史官たちは、「ヤマト朝廷一元史」的日本史を綴るにあたって、国家の王宮や首都は、定住氏族社会の部族連合体の会議所が核となって、それが都城・京師となって生まれてくるという国家組織誕生の根源、いわば「へその緒」の存在を知らなかったので、天皇一代ごとの「宮」を創作したのだと思います。しかし、真実の日本古代史では近畿において、蘇我氏は「倭国」の出先として君臨していたと考えるわけです。

蘇我氏暗殺のあとに倭国も滅亡し、ヤマト朝廷が王朝の位地にのぼり、初めて「政治の中心」としての都城・京師問題に直面したのだと思います。これが「大化の改新の詔」に〝初めて京師を修め〟と、思わず本音をもらした点に示されていると考えるものです。

近世尊皇史学の著名な人々はもちろん、明治以降の大学の著名な諸先生もついつい、「尊皇攘夷」論の尊皇論や『古事記・日本書紀』崇拝の波にのまれて、「古代史学」すなわち国家組織、つまりは政治の中心の都城・京師・王宮は、人類社会発展史のなかでどのように生み出されるのかという、古代史学の肝心要の問題を置き去りにしてしまい、その結果、一般世間でその名は鳴り響いてはいても、その「学説」の内実はいわばがらんどうで、鉄壁の要塞を築いているはずが、実は底が抜けているという結果になったと考えるものです。

六　武内宿禰は蘇我氏の祖先

蘇我氏の祖先は武内宿禰です。通説では武内宿禰を実在した人物とは考えない（津田左右吉氏）という立場です。しかし『古事記』の孝元記のしかも「帝紀」部分に、その約半分を占めるほどの「武内宿禰〜蘇我氏」の系譜が詳しく記載されています。岩波文庫の『古事記』の校註者の倉野憲司氏は、「臣下である武内宿禰の系譜を帝紀の中に入れているのは異例である。それはその子孫が権勢をほしいままにしたためだろう。」（同書、九六頁）とされています。しかし、〃逆臣だから『帝紀』にいれた〃というのは、おかしいでしょう。

ところが「石川年足朝臣の墓碑」（国宝）が発見されました。「長さ三〇センチ、幅一〇センチ程度の鍍金された銅板で一三〇字が刻まれています。その文頭には、『武内宿禰命子宗我石川宿禰命十世孫……石川石足朝臣長子……』というみずからの来歴が刻まれています。七六二（天平宝字六）年に、七五歳で亡くなったとあります。つまり、蘇我の系譜が武内宿禰の子である石川宿禰に発することが、蘇我本宗家滅亡後も奈良時代の中ごろまでは明確に伝わっており、一族は稲目や馬子を通じて、一〇代あとまで継承されていたことをこの墓碑は明確に示しているのです。」（西川寿勝氏・相原嘉之氏・西光慎治氏著、『蘇我三代と二つの飛鳥』、六九頁。新泉社、二〇〇九年、第一版）。

なおこの墓碑には「朝臣」とあるのは、「蘇我本宗家滅亡後の時代のもの」だからでしょう。この墓碑のしめすものは、蘇我家は自分らは武内宿禰の子孫という認識であるばかりでなく、この墓碑をみる人々も同様の認識であったことを示すものでしょう。

イ　『八幡宇佐宮御託宣集』

さて『日本書紀』には蘇我氏の仏教導入記事に、「豊国法師」が記されている点、さきに指摘しました。ところがこの「豊国法師」は、大分県宇佐市の「宇佐神宮」にかかわる「僧」と思うわけです。この宇佐神宮には、『八幡宇佐宮御託宣集』（重松明久氏校註・訓訳、現代思想社、一九八六年）という「神仏習合形式」の文書が今日に伝えられています。ここには、大変なことが書いてあるわけです。この『八幡宇佐宮御託宣集』とは、源平合戦で宇佐神宮が焼き討ちの被害をうけ、古文書も奪取され、神吽《じんうん》（一二三一〜一三一四）によって一二九〇〜一三一三年に補正されたものといわれます。

この文献は、宇佐神宮にかかわる神仏混合の伝承で、一見、歴史の史料にはならないかに見えます。しかし、さきに指摘した「九州年号」が記された古文書があること、およびそこから考えて「旧本記に曰く」（同書、四三五頁）などの表現は、「倭国」時代の文章と考えられ、さらに重視すべきところは、それが若干表現を変えて『記・紀』にとりいれられている例もある点です。

もちろん神吽はこの書の記事の年代を、『記・紀』に合せ、また○○天皇の○○年などと書いています。しかし、同時に他方では「九州年号」をともなう文章をも、掲載しているのです。

しかもそれが「歴史書」ではなく、宗教的伝承の形式という体裁で記されているのです。

さらにはこの『御託宣集』は「神仏混合記載」という特質をもっているところです。これは「倭国」が仏教を受容した時、それまでの本来の〝倭人の宗教〟の神道と、仏教を融合させることによって、仏教の受容をより親しみやすくしたなどの点も考えられ、「ヤマト朝廷」一元史観に慣らされた見地から、この文献の説話をみるべきではないとも思います。

さて、まずは宇佐神宮についてです。中野幡能氏は、「八幡は全国十一万社中、四万社があるとみられ、最大の分社をもつ神社である。」とその著、『宇佐宮』（一頁、吉川弘文館、一九九六年、新装版第一刷）で指摘されています。これはこの他にも島田裕己氏著の、『なぜ八幡神社が日本でいちばん多いのか』（幻冬舎新書、幻冬舎、二〇一三年、第一刷）にも見られます。この背後に実は真実の日本古代史が秘められている、というのが歴史の事実ではないかと思います。

こうした背景をもつ宇佐八幡神社の『八幡宇佐宮御託宣集』に、先述のとおりヤマト朝廷の年号にはない、「善紀元年」とか、「教至四年」等々の「九州年号」をともなう文書があるのです。しかもその年号のある文章の一部と基本的に同じ記事が、『記・紀』の「神功皇后記・紀」に登場しているわけです。またそこに武内宿禰も記されているわけです。

さて『八幡宇佐宮御託宣集』の「倭国」年号入りの記事の例です。「香椎宮の縁起に云く、善紀元年、大唐より八幡大菩薩日本に還り給ふて見廻り給ふに、人知らざるの間、御住所《おんすみか》を求め給ふて、筑前国香椎に居住し給ふ。其の後、新羅国の悪賊発《おこ》り来って、日本を打取らんと為《す》る日、乍《たちまち》に胎《はら》に入り奉る四所の公達、当月に満ち給ふに依って、白石を取り給ふて、御裳の腰に指し給ふて云く、若し是の石験《しるし》有らば、我が胎《はらめる》子、今七日の間生まれ給はざれと。

我が石神に祈誓し奉り給ふて合戦し給ふに、既に戦い勝って還り給ふ。石に験《しるし》有って、七日を過ぎて四所の君達生まれ給ふて、穂浪郡（福岡県嘉穂郡大分村）の山辺に集り住み給ひて後、各《おのお》の御住所を求め給ふて移住し給ふ。故《かかるがゆえ》に大分宮《だいぶんぐう》（福岡県嘉穂郡大字大分の大分八幡）と名づく……是の如きの間、聖母大帯姫並に四所の公達、併《なら》びて日本我が朝を領掌し給ふ。」（同書、八六頁。傍線は引用者）という記事です。

しかも、「各の御住所を求め給ふて移住し給ふ。」という、「公達」の移り住んだ「各所」は、「一人は筥崎（箱崎）、一人は大分宮、一人は香椎、最後が穂浪山中の多宝の分身」とあります。

これはきわめて重大な記事です。つまりは八幡＝聖母大帯姫ならびに、その四人の子どもともども、みな北九州から一歩も外に出ていません。にもかかわらず「聖母大帯姫並びに四所の公達、併びて日本我が朝を領掌し給ふ。」というのは、この聖母大帯姫なる八幡、ならびにその公達は、北九州、すなわち「倭国」の中心地を居住地とする者ということであって、だんじて「キンキ・ヤマト」の「聖母」ではないということです。

この「大帯姫」の物語ときわめて似た説話が、「神功皇后紀」でしょう。両者の類似点は、①新羅討伐記であること、②戦うに先立って臨月を「石」の霊力で伸ばしたこと、異なる点はまず子どもの数が、『神功皇后記・紀』では「一人」で、後の「応神天皇」とされ、「八幡は先述のとおり四人」です。また「神功皇后」の名が「タラシヒメ」にたいして、八幡は「オホタラシヒメ」、その出自は「八幡は住吉（福岡県）を父とし、香椎を母と為《な》す。」（同書、八三頁）と、〝完全な北九州産〟ということです。こうしてこの『八幡宇佐宮御託宣集』は、古代中國の正史類の「倭国・俀国」伝と、まったく矛盾のない「日本」の姿をつたえているわけです。

ロ　武内宿禰と「オホタラシヒメ」

「オホタラシヒメ」とともに戦いで活躍する、『記・紀』にはない将軍が列挙されています。そのなかに「御共に大臣、字《あざな》は藤の大臣連保《むらやす》、筑紫国を領有し給ふ。高良玉垂将軍と申す。」とあり、

『八幡宇佐宮御託宣集』の上段注一五（同書、一四七頁）には、福岡県三井郡御井町高良山に鎮座の高良神社の神仏習合名、『延喜式』に高良玉垂社とみえ、筑後一ノ宮。この神は武内宿禰とも藤大臣連保とも言われる。」とあります。

なお『記・紀』に登場しないその他の将軍名をあげれば、「住吉大将軍」「大臣、宗形（宗像）朝臣光遠、朝臣公綱などです。これをみれば志賀の島の「海神神社」ともども、住吉も宗像もこんにち神社に名をとどめた、恐らくは「倭国」の大氏族だったとおもわれます。

同時に同名の氏族の一派が東進して、今日キンキ地方に名をとどめている例は「住吉」等周知のとおりです。こうして『紀』の「神功皇后紀」の主な登場人物は、『八幡宇佐宮御託宣集』にそろっているというわけです。

ここには『記・紀』では抹殺されている、真に日本古代文明を創設した「天降り」氏族、すなわち日本に水田稲作をもたらした海人族の、かっての面影があるのでしょう。これと出雲大社の勢力こそは、弥生時代からの真の日本古代史の最初の幕を切って落とした人々でしょう。

そればかりではありません。正木善三郎氏著の『古代・中世宗像の歴史と伝承』（岩田書院、二〇〇四年、第一刷）の、「二、武内宿禰の伝承」には次のように述べられています。

伝承がのこる地名は、①玄海町鐘崎・織幡宮（出典は『宗像大菩薩御縁起』）②同町・沓塚（出典は（『織幡社記』の『宗像郡誌』上編四一頁）、③同町・海女（出典は、日並文夫、「海女のふるさと鐘崎」、『ふるさとの自然と歴史・七』)、④同町・壱岐氏（出典は『織幡社記』の『宗像郡誌』上編四一頁）」および「玄海町高向・高向氏系図（出典は『宗像郡誌』下編二八頁」同書、六一頁。）とあります。

この他に、玄海町鐘崎の『織幡宮』、宗像市等の町の八幡宮などに、『記・紀』の「神功皇后の新羅討伐記」という形で多く残されているとあります。さらには宗像との関係が注目される氏族として、蘇我があげられ（同書六二頁）、また「阿曇氏が蘇我に密接に結びついている。」（同書、六三頁）など注目すべき点が指摘されています。もちろん正木氏は、通説がそうであるように武内宿禰・蘇我氏と北九州の結びつきを、『記・紀』の神功皇后や応神紀等で解釈されています。

しかし、その理解はなりたたない点は、宇佐八幡は「オオタラシヒヒメ」、神功皇后は「タラシヒメ」と名が違い、子どもの数も四人と一人と違い、しかも八幡たる「オオタラシヒメ」とその四人の子どもは、みな北九州を一歩も出ていないにもかかわらず、「日本我が朝を領掌し給ふ。」とあり、この両者を『紀』が「神功皇后紀」で何とか似せようとしていますが、指摘した点など根本的に違っています。

七　「応神天皇は女帝……」

しかも『八幡宇佐宮御託宣集』には、「九州年号」とともに『記・紀』の真の姿を明らかにするような記事があります。それは「一、旧本記に云く」として、「応神天皇平京を始給ふ。是の女帝皇、天下を治めたまふこと四十一年、今香椎聖母大菩薩と申す。御共に大臣、字は藤大臣連保、筑紫国を領有した給付。高良玉垂将軍（武内宿禰）と申す。」（前掲書、四三五頁。傍線は引用者）という、『記・紀』絶対主義では理解できない記事があるのです。

同書の上段注「二六」では、「平京」にかんして「平京は不詳」（前掲書、四三六頁）としています。しかし『記・紀』の古い時代には〝京〟という字が、ヤマト朝廷に関わっては出てこないでしょう。しかも「旧本記」の「応神天皇、女帝」記載には、「注」もありません。したがって「八幡」を、神功皇后や応神天皇に関連づけるのは、『記・紀』絶対主義からのものであって、むしろ『記・紀』が『旧本記』を利用したというのが、本来の姿と私は考えます。この見地を厳然として支持するものが、「倭国年号」という問題です。

八　「三角縁神獣鏡・呉鏡説」と武内・蘇我氏

こうして〝呉鏡・三角縁神獣鏡〟と、キンキ地方をつなぐ要素を発見するのです。それは古来、呉方面と交流のある北九州の勢力、宗像氏や安曇氏と蘇我氏との歴史的結びつきです。すなわちキンキ地方に呉の鏡職人を呼び、三角縁神獣鏡を製造させた中心的勢力は、「武内・蘇我の勢力」という、従来のヤマト朝廷中心の近畿観を一変する見地が、見えてくるわけです。つまりは六六三年以前、とくに蘇我蝦夷・入鹿の暗殺以前、キンキ地方の直接的な支配者は蘇我氏ではないか、ということです。

〈参考文献〉

西川寿勝／相原嘉之／西光慎治『蘇我三代と二つの飛鳥』新泉社　二〇〇九年
井上光貞『日本の歴史』３（飛鳥の朝廷）小学館
『日本書紀』下
大分県教育委員会『宇佐・くにさきの歴史と文化』二〇〇二年
古田武彦『古代は輝いていた　Ⅲ』朝日新聞社　一九八五年
申叔舟『海東諸国紀』
『隋書』
『天皇記』『国記』
『帝紀』
『日本の歴史』３　小学館　一九八七年
佐伯有清編訳『三国史記・倭人伝』
中野幡能『宇佐宮』吉川弘文館　1996年
島田裕己『なぜ八幡神社が日本でいちばん多いのか』幻冬舎　二〇一三年
正木善三郎『古代・中世宗像の歴史と伝承』岩田書院　二〇〇四年
『八幡宇佐宮御託宣集』重松明久　校注・訓訳。現代思潮新社　一九八六年

第一二章　『記・紀』の真実

一　なぜ八世紀なのか

『古事記・日本書紀』の「?」は多くあります。その第一は、『古事記』が元明（七一二年）、『日本書紀』が元正（七二〇）の治世の成立です。『記・紀』にしたがえば、神武以来四三～四四代目の天皇の時代です。これは奇妙でしょう。神武から四三・四四代、もしこれが真実の「歴史」というのならば、なぜその間に明確な根拠をもつ正史の一つさえもがないのでしょうか。これが第一点目の疑問です。

この問題をめぐって、戦後の通説が採用する『記・紀』成立論は、津田左右吉氏のいわゆる「記・紀批判」の見地です。例えば坂本太郎氏は、その著『六国史』で、津田氏の『記・紀批判』にかんしては知られるとおり、「『記・紀』の記事は、〝従来信じられていたような歴史の記録でなく、六世紀ごろ、朝廷の官人が皇室の日本統治を正当化する政治的目的をもって造作したものである。」（『同書、一五五頁）と津田氏の『記・紀』観をまとめ、また井上光貞氏も、「たしかに古事記と日本書紀は、六世紀の大和朝廷の宮廷人が自分たちの支配を合理化するために、つくりだした政治的所産であって、これ以外に歴史らしい歴史を残してくれなかったのは、日本人にとって不幸なことであった。」（『日本の歴史1』、九頁、中公文庫、一九八八年、二四刷）。とも述べています。

ただ、この両者の見解にみる「自分たちの支配の正当化」とは、なにからなにを正当化したのか、必ずしも明らかではないと私は考えるのです。同時に、『記・紀』は、皇国史観史学が強調した〝日本史の事実を記録〟という主張を、否定したという面では〝意味は全くない〟わけではないでしょう。すなわち中途半端で曖昧な見解とおもいます。

『記・紀』の本質は、ヤマト朝廷に先だって存在した王朝や王朝的勢力、ならびにキンキ地方のヤマト朝廷に先立つ勢力を消去して、「ヤマト朝廷一元史」を造作し、その歴史的・政治的正統化・美化をはかったもの、という点にあると考えるわけです。これが『記・紀』の八世紀成立の真の意味と姿と考えるわけです。

二　『記・紀』編纂と「天武の詔」

しかも、この『記・紀』がどんな史料によって、どのような方針で編纂されたかという点も、比較的明瞭に残されています。ただ通説はその「史観」から、その学問的検討を一貫して回避してきたと思います。『記・紀』編纂の動機・素材およびその編集の観点・方法を、明確に記しているものは他ならぬ『古事記』冒頭の、太安萬侶の上表中の「天武の詔」です。

同時に、この「詔」と関係するのが『元明紀』（『続日本紀』）の「禁書記事」と考えます。

まずは「天武の詔」です。これは『古事記』の編者・太安萬呂《おほのやすまろ》の上表中、「序を併せたり」の「序第二段、古事記撰録の発端」に次のように述べられています。

「ここに天皇（天武）詔《の》りたまひしく、『朕聞きたまへらく、〝諸家の賷《もた》る帝紀および本辞、既に正實に違ひ、多く虚偽を加ふ。〟といへり。今の時に當たりて、其の失《あやまり》を改めずば、未だ幾年をも経ずしてその旨滅びなむとす。これすなわち、邦家の経緯、王化の鴻基なり。故《かれ》これ、帝紀を選録し、舊辞を討覈して、偽りを削り実《まこと》を定めて、後葉《のちのよ》に流《つた》へむと欲す。』とのたまひき。」（『古事記』、一五頁）。大変な「詔」と思います。

『帝紀』とは「天子の言動を記した」朝廷の正規の記録です。「旧辞」とは、その王家・国家の歴史の記録です。したがって「諸家の帝紀・旧辞」の〝諸家〟とは、『帝紀・旧辞』を保持した諸家、すなわち諸王家の意とするのが、本来、正当な理解です。つまりはヤマト朝廷の他に複数の「王家」があった、という意味になる、これが本来の自然な理解です。古田武彦氏は当然、この点を指摘されています。しかもこれは「天武天皇自身の言葉」であるわけです。

三　津田左右吉氏の検討

津田氏は、これを『日本古典の研究・上』（岩波書店、一九五三年、第三刷）で長々と考察されています。それは一言で言えば、「諸家の帝紀・旧辞」を、「ヤマト朝廷自身の異伝説、およびその臣下の家系の改作等」という主張です。つまりこの「諸家の帝紀・旧辞」の「諸家」を、〝ヤマト朝廷およびその臣下〟とする立場です。

それは「諸家の帝紀・旧辞」を、次のように云われる点に示されています。「……朝廷または諸家（臣下）に於いて故意に改作した場合も多かったろう。」（同書、四九頁）。

ここで目をひくのは異説・改作の先頭に、ヤマト朝廷をおいているところです。そうであれば、その「異説」の類は、「正實に違ひ、多く虚偽を加ふ。」、つまりは「ヤマト朝廷の王家としての歴史、その正当な姿を根本的に「否認・歪曲し、また多くの虚偽記載をくわえたもの」などであるはずがないでしょう。

氏はこれと同列にならべて、諸家、つまり氏の場合は臣下が、「家柄を尊くしようとか、祖先を立派にしようとか、あるいは領地等の物質的利益から、種々の造作が家々の家系に加えられた」結果、「朝廷の秩序に乱れや、ヤマト朝廷の伝承に歪みが生じた。」（前掲書、五一頁）などと、長々と論じられています。

しかし、一方で「朝廷自らが異説を立てた」というのですから、そうした異説の類が、「邦家の経緯、王化の鴻基」、すなわちヤマト朝廷の唯一王家たるの歴史と、その「正当性ある由来と根拠を否定し脅かすもの」であるはずはないでしょう。

四　『記・紀』の真実と〝一書群〟

津田氏は、「諸家の帝紀・旧辞」を臣下の家に伝わる、〝ヤマト朝廷の帝紀・旧辞〟」と解されるのですが、これが「一元史観」からのもので、ここの「諸家」とは、〝帝紀・旧辞を備えた諸家〟、すなわち「諸王家」と読むのが正常な理解と、私は考えます。

「帝紀・旧辞」を別の表現、例えば『日本書紀』風に言えば、「天皇記・国記」です。つまりはヤマト朝廷に先だって存在した、「天皇記・国記」を備えた諸家です。

その一つは「倭国」、その他には先述の蘇我氏の「天皇記・国記」、さらには関東の稲荷山古墳を造営した勢力などが考えられます。こうした勢力が伝えていた歴史書です。「倭国」にかんしては『八幡宇佐宮御託宣集』のところで述べたとおり、「倭国」年号をそなえた文章があります。この文章は宇佐神宮にも、古来伝承していたものとおもわれますが、ここからかんがえて第一に、「倭国」にはその歴史・伝承を記した、歴史書や文化的記録の書があったことは明らかと考えられます。さきに指摘した『三国志』魏志・倭人伝に、倭人の文字文化にかんする記載がある点からも、それは明白とおもいます。

さらにこの他に、『日本書紀』には由来不明の書籍群が頻出する点からも、それは指摘できるところです。その一つは「一書に曰く」群です。坂本太郎氏はその著『六国史』で『日本書紀』にかんして、「第三に、一書の選択がきわめて多い。神代紀では、『一書曰』として、本文のほかに異伝を採録するが、その数は大八洲の国生みの条で十種、四神出生の章で十二種もある。」（同書、八一頁）とされ、その先で通説風にヤマト朝廷の〝伝承の異伝説〟を述べておられます。

しかし、この「ヤマト朝廷の異伝説」が正しくないのは、まさに「一書に曰く」という引用形式に示されています。古田武彦氏が、その著『盗まれた神話』（角川文庫）の「第五章、盗作の史書」一書の真相」で指摘されているとおり、問題は、この「一書」とはなにで、いつ、だれが著述・編集したものかなのです。

そもそも「一書」という引用の仕方自身が不可解でしょう。書物にはかならず表題があり、著者や編集者が記されているものでしょう。なぜそれを明記しないのか、これが古田氏の指摘です。「一書に曰く」という引用形式は、〝本の表題、その著者・編集者を隠したい、明らかにしたくない〟という、『日本書紀』の編者等の姿勢を明示したものでしょう。

次が『日本舊紀』『日本世記』という文献名があげられている点です。ところが『日本舊記』にかんしては、雄略紀（『日本書紀・上』）の「本文、上段の注二〇」（同書、四九七頁）には、「この書、他に見えず」という素っ気ない注があるだけです。

また『日本書紀・下』の「斉明紀」には、「日本世記に曰く」（同書、三四四頁）という記事があります。この『日本世記』にかんしても、同書同頁の上段の注三で、「書紀編纂資料の一。著作の全容・巻数・成立年代など不明」（同書三四四頁）とだけあります。こうした「日本」がつく文献について、その真の姿の検討が意図的に省かれている姿が目につきます。

五 「日本」の真実

この「日本」とは、いうまでもなく「倭国」の称した、「日本・日の本」です。さきに述べた『八幡宇佐宮御託宣集』に記載の「倭国」年号をともなう文章の、「聖母大帯姫並びに四所の公達、併びて日本我が朝を領掌し給ふ。」とあるところの日本です。すなわち「倭国」です。

当然、「倭国」には歴史書、その他の文献があったのです。この点をしめすものが『記・紀』の神功皇后記・紀です。これが『八幡宇佐宮御託宣集』の「大帯姫・八幡」記事の、無断借用・一部改変記事であることは、さきに示したとおりです。もちろん蘇我氏の『天皇記・国記』も利用されているでしょう。『紀』によれば、焼かれかかった「天皇記・国記」は、船史恵尺《ふねのふびとゑさか》によって焼却をまぬがれ、「中大兄に奉献《たてまつ》る。」（『日本書紀・下』、二六四頁）と、わざわざ書いてあるからです。

六　〝国家反逆罪〟の「禁書」

太安萬侶の『古事記』の上表によれば、「天武の詔」にしたがって、記・紀編纂を実際にすゝめたのは元明天皇とあります。ところが『続日本紀・一』（岩波書店、新日本古典文学大系、二〇〇五年、第九刷）記載の「元明天皇紀」に、慶雲四年（七〇七）七月一七日以前の、「大辟罪」（死刑）以下の「大赦」記事があります。

そこに「山沢に亡命し、軍器を挟蔵し、百日首《まう》さぬは、復罪《またつみな》こと、初の如くせよ。」（同書、一二三頁）。さらに「和銅元年（七〇八）正月」にも、「山沢に亡命し、禁書を挟蔵して、百日首《まう》さぬは、複《また》罪《つみな》ふこと初めの如くせよ。」（一二九頁。傍線は引用者）という記事があります。

「山沢に亡命」とは「律令」では、重大犯罪の「八虐」にあたり、国家反逆罪です。「一に曰く、反（編）を謀る。謂《い》はく、国家を危《あやう》くせむを謀れるをいふ。」で、罪は「死罪」です。「亡命」とは名籍を捨てて逃げること」（同書、上段注、八九頁）で、「即《も》し、命《めい》に亡《に》げ山沢にして、追喚に従はずば、謀叛を以て論せよ。」（同書、八九頁）とされているものです。

問題は、「禁書」ですが、ここの「禁書」は、「山沢に亡命し、禁書を挟蔵して、百日首《まう》さぬ」という状況にある「書籍」、すなわち「天武の詔」にある「諸家の帝紀・旧辞」、つまりは、それを放置すれば「未だ幾年をも経ずして、その旨滅びなむとす。これすなわち邦家の経緯、王化の鴻基なり。」という性格の「書籍」と考えます。つまりはこの書籍を残せば、「ヤマト朝廷の王家としての、歴史的正当性の〝根拠と経緯〟が失われる。」という性格の「書物」ということです。こうした「禁書」とは、第一に「倭国」の史書および各種文献、第二に、蘇我氏等のそれ、第三に関東勢等々の史書等々でしょう。

七　「講書」とは？

ヤマト朝廷の「正史」で、もっとも不思議なものの一つは、「講書」というヤマト朝廷による『日本書紀』の勉強会です。しかもこの勉強会は、「養老（七〇二）から弘仁一年（八一〇）、承和（八三四）、元慶（八七七）、延喜（九〇二）、承平（九三二）、康保（九六四）の七回である。」（坂本太郎氏著、『六国史』、一三三頁）とあります。

このヤマト朝廷による『日本書紀』の勉強会は、私には奇々怪々におもえます。なぜならばヤマト朝廷が真に最初のからの〝日本の王家で、日本統一の盟主〟というのであれば、この朝廷をたすけて日本統一の事業を支えてきた家臣団、すなわちその貴族たちは、その過程を熟知していたはずで、一々集められて『日本書紀』の講義を受け、ノート（私記）までとって勉強する必要など、そもそもないはずだ、と私はおもうのです。

この『講書』は『日本書紀』の勉強会であって、しかもここに列挙したように、七〇一年から九六四年まで二六五年間にわたって、「勉強会」をひらくのは何故かといえば、『日本書紀』は当時の貴族たちにとっては「初耳の話」だったり、「倭国」等のことと認識していたものが、「以後、日本書紀にしたがって理解すべきもの」とされ、新しい政府のもとで「ノート」までとって勉強した、ということと思います。

〈参考文献〉

『古事記』
『日本書紀』
坂本太郎『六国史』
津田左右吉『記・紀批判』日本古典の研究　上　岩波書店　一九五一年
『日本の歴史』1　中公文庫　一九八八年
『続日本書紀』
『三国志』魏志倭人伝
古田武彦『盗まれた神話』角川書店
『日本舊記』
『日本世記』

『八幡宇佐宮御託宣集』

『続日本紀』新日本古典文学大系　岩波書店　二〇〇五年

結びにかえて　なぜ〝九州〟なのか

本書の見地は、素人の妄言とされる可能性が大です。そこで最後に本書の見地の正しさを示す、しかも誰でも知っている「九州」という呼称の、歴史的意味について述べます。それは、もし「ヤマト朝廷一元史観」が正しいのならば、この「九州」は近畿地方の呼称でなければならないからです。日本では九州の呼称の由来を「国が九つ――筑前・筑後、肥前・肥後・豊前・豊後・日向・大隅・薩摩――あったから」などと説明するのですが、これは誤魔化しの説明です。

「九州」とは古代中國では、国家・王朝を意味する言葉です。そればかりではなく国家の理念を表明した言葉であり、これは古代中国都城の空間構造の根本におかれる理念なのです。「中国都城の空間構造」とは、通説的日本古代史風に云えば、わが国の平安京等が真似た碁盤目模様の構造をいいます。この「碁盤目」模様の構造の根源が「九州」なのです。

では「九州」とは何か。一言でいって氏族社会の平等主義的社会秩序を、社会・国家の理念とするという考え方です。もちろんこの理念はいわば形式的なものにされてきたものですが、歴史的にはこの理念が重視された時代もあったという性格のものです。

『孟子』に「天の看るはわが民の看るに従い、天の聴くはわが民の聴くに従う」（『孟子・下』、一四二頁、小林勝人氏訳注、岩波文庫、一九八五年）と引用されている『大誓』（中国の古典）の見地です。この意味は、人間社会を動かす天が依拠するところは、〝わが人民・大衆の声だ〟というものです。つまりは「人間社会を動かす真の力は勤労国民大衆だ。」ということと思います。これは実は氏族社会の「原始的民主主義」という人類社会の姿を、人と社会のあるべき姿とした考え方で、『孟子』では、これが次のように展開されています。「孟子曰く、民を貴《たっと》しとなし、社稷（国土）これに次ぐ、君（君子）を軽きとなす。」です。国家・社会でもっとも大切なのは国民・大衆である。その次が国土であり、君主は取り換え可能なもっとも軽い存在である。……君主が国民の声に耳を傾けないのなら……変《あらため》たつ。」（『孟子・下』、三九七頁）。

これは「天命論」とよばれ、日本では「承久の乱」にさいして、後鳥羽上皇の北条義時追討の詔にたいして、掲げられた思想と理論です。それは「君臣の運命、皆、天地の掌《つかさど》るところなり……朝廷を傾け奉ること、まったく畏怖の限りに非ず」（『東鑑』〝吾妻鏡〟、君主と臣下及び国民が対立した場合、どちらが正しいか決するものは天である。天は道理のあるものを助ける。不正義の後鳥羽上皇の理不尽な攻撃を跳ね返すことは当り前だ。朝廷だからと言って恐れる必要はまったくない）とのべ、東国武士団の総決起、京都進撃を実現したとか、または北条鎌倉幕府の初期の政治は「善政主義」で、中國の天命論の影響があるという主張もあります。

「承久の乱」にかんしては、〝天皇は神〟などと称した日本中世の尊皇思想家で、『神皇正統記』

（『日本古典文学大系』、第一刷、岩波書店、一九六五年）をあらわした北畠親房は、以下のように述べています。「上（後鳥羽上皇）の御トガ（罪）トヤ申スベキ。」と明言し、その国民無視の悪政を「天モユルサヌコトイウタガイナシ。」（同書一六〇頁）と断言しています。

さらに政治のあり方を論じて、「一人ヲタノシマシメ、万人ヲクルシメル事ハ、天モユルサズ神モサイハイセヌイワレナレバ、政《まつりごとの》ノ可否ニシタガイテ御運ノ通塞アルベシトゾオボエハベル。」と述べ、北条幕府の初期の「善政」にかんしても、「大方、泰時心タダシク、政スナヲニシテ、人ヲハグクミ……本所ノワズライヲトドメシカバ、風ノ前ニ塵ナクシテ、天ノ下スナハチシズマリキ。」と礼賛しています。

この点、明治時代の山路愛山氏の『足利尊氏』（岩波文庫、一九九一年、第五刷）でも、「北条氏は人民の味方なり」の項目が設けられています。しかも重大な点は、この時代、日本は「元寇の役」・蒙古来襲という国難に遭遇し、北条鎌倉幕府のもと九州・西国武士団の奮闘によって、元を撃退するという他の武家政権にはない試練を経ています。以上、駆け足で見てきましたが古代天皇制打破の時代、日本でも「天命論」が掲げられ北畠親房のような天皇方の人物でさえもが、「一人ヲタノシマシメ、万人ヲクルシメル事ハ、天モユルサヌコト」と云うよう時代であったわけです。

この「天命論」を水戸史学・国学は、「国賊の思想」と称して猛攻を加えたことは周知のことです。さらに「自由民権派」からもまともな評価もなく、いわば野ざらしの有様とおもえます。

ここに近代日本の大きな問題があると思います。とくに自由民権派等はヨーロッパ型の社会発展像を絶対的モデルとするらしく、氏族社会から生まれた人民重視論も、東アジア産のものは無価値なものであるかのようにあつかっていると思います。

こうしたヨーロッパモデル絶対主義の結果、「自由民権運動」等にみるように「天皇制批判」や「反対」をかかげても、「ヤマト朝廷一元史と史観」への批判は皆無であって、その結果、結局、その「天皇制批判」は「砂漠の川」同然に、消えていく結末を迎えるようです。

この「天命論」といわれるものは、政治の眼目を国民生活の安心・向上におく点で、尊皇思想よりはるかに優れた思想とおもいます。尊皇思想は「君主のため天子のために、国民・臣下が粉骨砕身する」ことが眼目であって、これの現実的意味は支配者、今日では政府や大企業のために粉骨砕身する思想と立場を是とするという考え方と思います。

さて江戸時代以来、古代中國儒教の天命論を評価する人々のあいだでは、東アジアの古代以来の思想には、「天命論等、民主主義的要素がある」という主張もあるように思います。たしかにわが国の「尊皇論」と比較すれば、国民生活重視の思想があるといえます。

その意味で、優れた思想と思います。したがって「承久の乱」に際して掲げられた、「天命論」は正しく評価され、ヨーロッパ中世が、古代ギリシャ・ローマ文明とその民主主義を「異端」と称して排撃し、その文化と遺産を徹底的に破壊し、それを守ろうとした人々を虐殺（エドワード・

ギボン著、『ローマ帝国衰亡史』（四）、中野好夫氏、朱牟田夏雄氏訳、一九九六年、第二刷、筑摩書房）した中世キリスト教と、その支配下の中世社会（初期）とは厳密に区別して評価され、その継承と発展が図られるべきでしたが、近代尊皇論はこれを拒否し、今日、例えば岩波書店の日本古典文学大系に『東鑑』（吾妻鏡）、『梅松論』等などは含まれていない有様です。また自由民権派等も、欧米民主主義論を絶対として、古代中国ならびに日本中世の「天命論」を評価はしていません。同時に確かに「天命論」を「民主主義思想・民主主義論」といえるかといえば、それは「否」と思います。理由は「天命論」はあくまで為政者の政治的理念と「心得論」であって、「主権在民論」がない、議会制度とそれを保障する「選挙制度」がない点です。

古代ギリシャ・ローマの民主主義は、氏族社会の選挙制度や民会など、〝原始共産主義〟社会の伝統を継承している面があり、古代中國でもその初期には、王の選出、戦争と講和にかんしては、その国の「人民」による評決制度があったようですが、後代にはこれは消えて「天命論」という、「政治は国民生活の安心・安定・向上に資するべきもの」という〝理念〟が生き残り、やがて儒教に、「政治と君主のあり方論」として残存した、ということのようです。

「九州」とは「天下・国家」の意味

こうして古代中国では〝政治のあり方〟論として、儒教のなかに「天命論」が取り入れられ、とくに『孟子』によって体系化されたわけです。ただし日本では『孟子』は国賊の書とされ、「日本儒教」のなかでも排撃されて今日にいたる点を指摘しておきます。この点、「自由民権運動」も同様に『孟子』を無視したわけです。「東アジア文明に進歩思想なし」というわけでしょうか。

さてその『孟子』に「其れ仁政（国民のための政治）は必ず経界より始まる。経界正しからざれば、井地均しからず。穀録平かならず。是の故に暴君汙（汚）吏は、必ず其の経界を慢《あな》どる。……請う。野（田舎）は九分の一にして助せしめ、国仲（都市）は住（十）分が一にして自ら賦せしまん。」（『孟子・上』、二〇一頁。傍線は引用者）として、税金の負担の公平性、つまりは課税の公平性が、善政の土台として強調されているのです。

この「井地」とは土地を井の字型に区分し、真ん中の公有地を平等に分担・耕作するという制度で、原始共産社会＝氏族社会では定められた共有地を、氏族員が公平に分担・耕作するという人類共通の姿にその根源をもつものです。モーガンによれば、この公有地はインディアン（メキシコ族）の例では、「テクパントラリ」と「トラトカトラリ」とがあって、「テクパンタラリ」とは、その部族の公館に所属した土地で、その公館の諸経費とその公館の維持管理にかかわる者の食糧等の経費を賄う土地で、その公館にかかわる者によって耕作されたといいます。

もう一つのトラトカトラリは議長職の土地で、各部族に一ヶ所であって、その土地は彼らの尺度で四〇〇単位の長さであって、その一単位は二・五メートルである。その土地では議長職ならびにその家族、およびそのアシスタントなどと、その家族のために生産され、その耕作は部族の構成員が平等に分担して耕作された（『すまい』、一六五頁）といいます。『孟子』の「井地」もこうした性格を念頭にしたものといわれています。したがってその制度が厳密に守られなければ、不公平と社会的矛盾がおきることになります。孟子はこれを「悪政」の根源と呼んでいるのです。

こうした原始共産主義社会の姿が、やがて政治のあるべき姿と一般的に云われるようになり、この結果、古代中國ではこの井地型の空間構成が、王朝の所在地・首都の空間的構成の理念とされるようになった、と指摘されています。

さて布施修司氏はその大著、『大元都市』（京都大学出版会、二〇一五年、初版）で、「中国では井田（地）制の実在はアプリオリに前提とされるが、日本の研究者でその実在を認めるものは少ない。」（同書、五一頁）と指摘されています。

日本では氏族社会の原始共産主義社会の土地所有制度が知られておらず、研究もないようです。これはモーガンの『アメリカ先住民の住まい』などは、あまり重視されていないことを物語るものでしょうか。この著書は、モーガンによればあの有名な『古代社会』の一篇として書かれたものですが、これを入れるとあまりにも膨大になるので、後年（一八八一年、ちなみに有名な『古代社会』は一八七七年）新たに出版したという著書です。したがって本来は、これをふくめて初めて『古代社会』を読んだということになるわけです。

これを読まずに氏族社会を論じることは、不完全な知識でのぞむ結果になるわけです。もし『孟子』は読まない、『アメリカ先住民の住まい』も知らないとすれば、そもそも古代史・国家の誕生・形成を正しく論じるのは難しいのでは、と思います。

こうして『孟子』では「天下」とは、「海内の地、方千里なるもの九《ここのつ》」（『孟子・上』、六〇頁）として、〝九州からなる地〟とされているのです。

布施修司氏は『大元都市』で、『孟子は、王が方千里に王道を敷き、方伯が治める残りの八州に徳がおよぶことによって、天下は治まると考えた。夏・殷・周の各王朝も方千里に王道を敷いた……』（同書、三五頁）とされ、古代中国人のいう「天下」とは「中州（中国）と、それを取り囲む八州という、九州からなる天下」と云われています。

日本人も「天下」が大好きですが、この「九州」は、日本人の「天下意識」、すなわち「天下を取る」とはかけ離れたものです。同時に重要な点は、この「千里」は夏・殷・周で長さが違う点です。この点『孟子』に指摘されています。この背景は、本来異なる部族が異なる度量衡の単位を持つことは、考えてみれば当り前のことで、怪しむにたりません。
以上、古代中國で「九州」とは、したがって国家・社会を意味する根元的概念です。

日本の九州

こうした意味・性格をもつ「九州」という呼称が、七百年以上「倭国」が首都をおいた島の古来の名称である、という意味です。この歴史を直視すれば、日本の「九州」とは「倭国・卑弥呼の王朝」が、古代中國文化の影響下に中国を真似て、自国をも『九州』と呼び、それが「倭国」滅亡後も、その首都の地に残存して今日にいたるというのが、真の日本史と考えます。「倭国」時代、その領域全体が「九州」とされていた可能性もあるでしょう。

もし「万世一系の天皇制」が事実ならば、この「九州」は、キンキ・ヤマト地方の呼称でなければならないのではありませんか。しかし「倭国」時代、国の中心の一つは北九州にあり、東国には別の中心地があったわけです。

〈参考文献〉
『孟子』・下　小林勝人　訳注　岩波文庫　一九八五年

『東鑑』
北畠親房『神皇正統記』日本古典文学大系　岩波書店　一九六五年
山路愛山『足利尊氏』岩波文庫　一九九一年
エドワード・ギボン『ローマ帝国衰亡史』（4）中野好夫・朱牟田夏雄訳　筑摩書房　一九九六年
『アメリカ先住民のすまい』
布施修司『大元都市』京都大学出版会　二〇一五年

草野 善彦（くさの よしひこ）
一九三三年生まれ。
武蔵野美術学校（大学）卒。
著書に『天皇制国家唯一史観を疑う』（光陽出版社）、『天皇制批判と日本古代・中世史』、『放射炭素年代測定と日本古代史学のコペルニクス的転回』、『二世紀の卑弥呼「前方後円墳」真の構築者』『天皇制は日本の伝統ではない』、『墓より都』、『〝憲法改正〟教育勅語問題と「二つの日本史」』（本の泉社）など。

「倭国《わこく》」の都城《とじょう》・首都《しゅと》は大宰府《だざいふ》

〝学者《がくしゃ》に質問《しつもん》〟「七世紀以前《ななせいきいぜん》　首都《しゅと》がないヤマト朝廷《ちょうてい》」なぜ？

2020年　4月13日　初版第1刷発行
著　者　草野善彦
発行者　新舩 海三郎
発行所　株式会社 本の泉社
〒113-0033　東京都文京区本郷 2-25-6
TEL：03-5800-8494　FAX：03-5800-5353
http://www.honnoizumi.co.jp
DTP　杵鞭 真一
印刷　中央精版印刷
製本　中央精版印刷

ISBN 978-4-7807-1966-6　C0021